W0312674

Felix Maria Arnet

Brutal gescheitert!

FELIX MARIA ARNET

BRUTAL GESCHEITERT!

Wie der Start
in ein neues Leben gelingt

GABAL

Externe Links wurden bis zum Zeitpunkt der Drucklegung des Buches geprüft.
Auf etwaige Änderungen zu einem späteren Zeitpunkt hat der Verlag keinen Einfluss.
Eine Haftung des Verlags ist daher ausgeschlossen.

Bibliografische Information der Deutschen Nationalbibliothek

Die Deutsche Nationalbibliothek verzeichnet diese Publikation in der Deutschen Nationalbibliografie; detaillierte bibliografische Informationen sind im Internet über http://dnb.d-nb.de abrufbar.

ISBN 978-3-86936-874-0

Lektorat: Eva Gößwein, Berlin | www.textstudio-goesswein.de
Umschlaggestaltung: total italic (Thierry Wijnberg), Amsterdam / Berlin | www.totalitalic.com
Fotos: Felix Maria Arnet; Seite 96: Ulrich Mattner
Autorenfoto: Simon Stobbe
Satz und Layout: Das Herstellungsbüro, Hamburg | www.buch-herstellungsbuero.de
Druck und Bindung: Salzland Druck, Staßfurt

© 2018 GABAL Verlag GmbH, Offenbach

Alle Rechte vorbehalten. Vervielfältigung, auch auszugsweise, nur mit schriftlicher Genehmigung des Verlags.

Printed in Germany

www.gabal-verlag.de
www.facebook.com/Gabalbuecher
www.twitter.com/gabalbuecher

INHALTSVERZEICHNIS

Anhang

DIE KRAFT DER OFFENEN WORTE

Dieses Buch ist ein Anti-Ratgeber. Vielleicht ist es genau deshalb hilfreicher als so mancher Ratgeber im klassischen Sinne. Felix Maria Arnet versucht nämlich nicht, ein so individuelles Thema wie das Scheitern in Binsenweisheiten und Formeln zu pressen, die für jeden passen und sich deshalb unpersönlich anfühlen. Zum Glück! Denn was könnte individueller sein als die persönlichen Niederlagen, die uns in unseren Grundfesten erschüttern?

Stattdessen nimmt der Autor sich des sensiblen Sujets an wie ein echter Freund: Er erzählt seine eigene Geschichte des Scheiterns – und zwar mit schonungsloser Offenheit. Und das ist es doch, was wir uns von einem Freund wünschen, den wir in den schwierigen Momenten des Lebens konsultieren: dass wir etwas aus seinem Erleben lernen und daraus auf uns selbst schließen können. Ein echter Freund denkt sich etwas dabei, was er uns erzählt und wie er es uns erzählt. Er will uns eben nicht belehren und in eine Richtung stoßen. Er lässt uns unsere eigenen Schlüsse ziehen und stellt sich dabei als Projektionsfläche, als Reibungspunkt, als Sparringspartner zur Verfügung.

Deshalb reden wir mit einem Freund, wenn wir gescheitert sind, am Boden liegen und uns wieder aufrappeln müssen. Da brauchen wir keine schlauen Ratschläge, wir brauchen Nähe. Und der Königsweg, um Nähe herzustellen, sind offene Worte. Erst dann helfen uns auch konkrete Handlungsimpulse und Tools zur Selbstanalyse (die es in diesem Anti-Ratgeber übrigens auch gibt).

In diese Rolle des Freundes, der uns neue Sichtweisen eröffnet, indem er sich öffnet, springt der Autor in diesem Buch. Das rechne ich ihm hoch an – denn es ist eine schwierige Rolle. Sie verlangt nach der Bereitschaft, sich verbal zu entblößen. Normalerweise tun wir das nur für unsere engsten Vertrauten. Felix Maria Arnet tut es für uns alle, ganz öffentlich, und das verlangt viel Mut.

Noch eindrücklicher finde ich allerdings, mit welcher Konsequenz er diese Rolle ausfüllt. Dass Niederlagen Sprungbretter sind, ist leicht gesagt. Die eigenen Niederlagen aufzuzählen und mit der Lupe bis ins unangenehmste Detail zu sezieren, auf dass andere davon profitieren können, ist etwas ganz anderes.

Es gibt Passagen in diesem Buch, die wehtun. Es muss schwer gewesen sein, sie aufzuschreiben. Wer gibt schon gern zu, dass er finanziell gescheitert ist? Dass er nicht nur sich selbst, sondern auch andere enttäuscht hat? Dass es Zeiten gab, in denen es ohne den Partner nicht weitergegangen wäre? Gerade in einem öffentlichen, von feinsäuberlichen Selbstinszenierungen geprägten Umfeld wie der Berater- und Redner-Branche, unter all den selbsterklärten Überfliegern und Mega-Erfolgreichen, fällt solche radikale Offenheit nicht leicht.

Wenn der Autor beschreibt, wie er bei seinem ersten Vortrag über das Scheitern einen Blackout erleidet und rhetorisch in die dritte Person wechselt, um sich zu retten, zu schützen sogar, zucke ich zusammen, weil er mir und meinen eigenen Themen plötzlich ganz nah ist. Wenn er beschreibt, wie ein lange Jahre erfolgreiches Herzens-Unternehmen gegen die Wand fährt und er als Hiobsbote vor seine Angestellten treten muss, teile ich seine Unsicherheit, weil jeder Unternehmer diese Angst kennt. Wenn er beschreibt, wie er als »Gescheiterter« in gewissen Kreisen nicht mehr gern gesehen war, dann verstehe ich die soziale Komponente des Scheiterns nicht nur, ich spüre sie.

Es sind genau diese Textstellen, aus denen ich am meisten mitgenommen habe – die persönlichen Geschichten ohne moralischen Zeigefinger und jenseits der klugen Ratschläge. Denn natürlich leidet man stellvertretend für sich selbst mit, wenn man einen anderen Menschen in Zeitlupe leiden sieht. Die Empathie sorgt für den Rückschluss auf die eigenen Erfahrungen.

Und dann geschieht genau das, was der Freund uns mit seinem Beispiel zeigen will: Wir beginnen durch die Geschichte zu verstehen. Wir sehen ihn vor uns, hören ihm zu und erkennen: Und doch sitzt er hier vor mir und hat es da hindurch geschafft. Und doch geht es weiter. Und doch hat er wieder, immer noch Erfolg und meistert weiter sein Leben. Vielleicht ja nicht nur »trotzdem«, sondern auch »deshalb«? In diesem Moment wird der Freund zum Vorbild, nach dem wir gesucht haben in diesem schweren Moment. Das ist das große Verdienst dieses Buches, das erst durch die persönliche Ebene erschlossen wird. Und dafür verdient sein Autor großen Respekt.

Besonders beeindruckt hat mich die aufmunternde Botschaft, dass Scheitern ein lebenslanger Prozess ist – keine Kinderkrankheit der Noch-nicht-Erfolgreichen. Wir sind lebenslang Lernende, und deshalb hat es sich auch nie »ausgescheitert«. Dasselbe gilt für das Scheitern in der Kommunikation: Der Tag, an dem wir es ein für alle Mal verstanden haben und nie wieder in und an einem Dialog scheitern werden, wird nicht kommen. Auch in der Rhetorik lernen wir mehr aus den Fehlern, den Niederlagen, den Momenten des Scheiterns als aus den großen Erfolgen. Wenn alles läuft wie am Schnürchen, schwimmen wir obenauf. Ob man wirklich schwimmen kann, merkt man erst, wenn man unterzugehen droht.

Die Szene aus einer Nachrichtensendung mit einem Urgestein des deutschen Journalismus, Friedrich Nowottny, steht für mich sinnbildlich für den Umgang mit diesen Momenten im Leben: Plötzlich blickt er hilflos in die Kamera und hat keine Ahnung, wie es weitergeht. Doch er versinkt eben nicht im Boden – er gesteht es ein. Fragt ganz offen: »Wo schalten wir denn jetzt hin?« Und mehr als diesen ersten Schritt braucht es nicht, damit es weitergeht. Als eine blecherne Stimme aus dem Off ertönt und den entscheidenden Hinweis gibt, findet er seine Souveränität sofort wieder – denn zu ihr kann er sich in Bezug setzen.

In der Kommunikation ist Souveränität nicht das Ausbleiben von Fehlern, sondern die Fähigkeit, gut damit umzugehen. Nichts führt verlässlicher in den Blackout als die Angst vor dem Blackout. Nichts verhindert Erfolg nachhaltiger als die Angst vor dem Scheitern. Nichts steht dem Leben mehr im Weg als die Angst vor dem Leben.

Letztlich birgt auch das große Wagnis, sich konsequent vor Menschen zu öffnen, immer die Gefahr einer Niederlage. Wer sich dieser Herausforderung dennoch mutig stellt, dem darf man bescheinigen, dass er das lebensverändernde Potenzial des Scheiterns zu nutzen gelernt hat – und auch die Kraft der offenen Worte. Dafür hat Felix Maria Arnet meine Hochachtung.

Auch von diesem Buch hat am meisten, wer sich wirklich dafür öffnet, denn zur Offenheit gehören immer zwei. Auch dafür ist das Werk ein warmherziger, lebensbejahender Beweis: So wie man in der Kommunikation nie allein ist, ist man auch im Scheitern nie allein – oder muss es nicht sein. Dieses Buch ist wie jene rettende Stimme aus dem Off, die uns aus der Schockstarre heraus und wieder zurück in den Kontext holt, indem sie einen neuen Bezugspunkt setzt: Natürlich geht es weiter. Natürlich ist nicht Schluss, nur weil etwas schiefgegangen ist.

Wer sich Sorgen macht, im Scheitern keine Freunde mehr zu haben, hat in diesem Buch schon mal mindestens einen.

Kommen Sie gut an!
Ihr
René Borbonus

Erster Teil

BRUTAL gescheitert!

Mein Name ist Felix Maria Arnet und ich bin brutal gescheitert. Ich habe mein Scheitern sogar ins Bild gebannt. So habe ich zum Beispiel den Auszug aus unserem Büroloft fotografiert. Von oben, vom Penthouse auf dem Dach (siehe Seite 17).

Ich habe mich fotografiert, mit wirrem Haar, im Bademantel, während meiner depressiven Phase im Sommer nach der Insolvenz. Dieses Bild ziert die Rückseite des Buchumschlags. Ich habe auch den Blick aus der Herrentoilette des Commerzbank-Towers festgehalten, als ich dort meine Coaching-Dienstleistung vorgestellt habe, im feinen Zwirn, wie es sich auf der Teppichetage gehört, aber meinen alten BMW hatte ich statt in der Tiefgarage in einer Nebenstraße geparkt, damit ihn keiner sieht (siehe Seite 57 im zweiten Kapitel).

Ich habe relativ früh angefangen, meine Geschichte niederzuschreiben, zunächst für mich, eine Mischung aus Tagebuch, Selbstgespräch, Fundstücken und bloßen Gedankenfetzen. Aber irgendwann war der Gedanke an eine Veröffentlichung da, wenigstens als Kolumne. Ich bin mutig aus dem Schatten getreten und habe angefangen, öffentlich über mein Scheitern zu sprechen. Zunächst war das meist vor kleinem Publikum und pro bono. Von anderen Vortragsrednern und Agenturen wurde ich damals belächelt. »Wer will denn das schon hören?«, hieß es – und hinter vorgehaltener Hand noch Schlimmeres. Aber ich blieb am Ball. Gegen alle Wahrscheinlichkeit und Regeln der Branche erkämpfte ich mir meinen Platz in der Szene. Und mehr noch: In der Speaker-Gemeinde gilt mein Auftritt als ausgesprochen hochwertig und vor allem extrem authentisch. Wer die Größe dazu hat, zollt mir Respekt für meinen Mut und mein Durchhaltevermögen.

Wenn ich heute mit Kollegen aus der Speaker-Community zusammen bin, kommt oft die Frage: »Wann hat es sich denn nun mal ausgescheitert? Du bist doch jetzt so erfolgreich, wäre es nicht mal an der Zeit?« Nein. Solange Scheitern unser täglich Brot ist, wird es ein Thema sein, das die Leute hören wollen. Bei dem sie aufhorchen und bei dem sie sich öffnen.

Der Beweis? Wenn ich in eine Runde mir unbekannter Menschen komme und man stellt sich vor, kommen die üblichen Posen: wer man ist, wo man arbeitet, wen man kennt, was man hat usw. Wenn ich dann an der Reihe bin, sage ich mein Sprüchlein auf, mein »Pass-Wort«, wie ich es nenne: »Mein Name ist Felix Maria Arnet und ich bin brutal gescheitert.« Nicht nur habe ich dann die ungeteilte Aufmerksamkeit, Ohr und Herz meiner Gesprächspartner. Mehr noch: Es werden ungemein interessante Gespräche. Denn plötzlich erzählt jeder seine Geschichte, die wahre.

Meine geht so: »Sie sind gescheitert, Herr Arnet. Sie sind mit Ihren Ideen bei unserem Vorstand gescheitert.« Der Anruf des Kommunikationschefs der Lotteriegesellschaft erreichte mich

Auszug aus dem Büroloft.

kurz vor Weihnachten. Ich erinnere mich noch genau, dass es schon dunkel wurde, als die lang überfällige Nachricht endlich kam, aber so ganz anders war, als erwartet. Wir waren bis zuletzt gut dabei gewesen und hatten entsprechend große Hoffnung, diesen dringend notwendigen Auftrag, diesen Megafang, einholen zu können – mit einem Etat von 1,3 Millionen Euro! Ich erinnere mich auch, dass ich nach dieser Nachricht noch lange im Dunkeln gesessen habe, den Blick aus dem Fenster, ohne etwas zu sehen.

Wochenlang hatten wir geschuftet. Von der zu Hochzeiten 40 Köpfe zählenden Mannschaft war noch ein tapferes Dutzend geblieben. Diese glorreichen Zwölf hatten sich für die Ausschreibung der Lottogesellschaft buchstäblich wundgearbeitet.

Dieser »Pitch«, wie man in der Werberwelt sagt, sollte uns wieder auf Kurs bringen. Und wir wussten, dass er es konnte. Ich hatte einige Top-Kreative eingekauft, für sie nochmals ordentlich Geld in die Hand genommen. Unser Kampagnenentwurf war innovativ und ideal durchdekliniert, sogar bis in den Social-Media-Bereich, was damals noch relativ neu war. Ich hatte zudem eine populäre Moderatorin als »Testimonial« gewinnen können, also als Markenbotschafterin für den Kunden in spe. Damit die Agentur wieder Wasser unter den Kiel bekam, war ich an meine Anfänge als Werber zurückgekehrt. Hatte meine Finger in allem, von Konzept über Kreation, Text, Grafik und Foto bis zu Produktion. Es fühlte sich wirklich an wie vor 20 Jahren, Déjà-vu. Aber gut, so gut!

Den Zuschlag bekam dann eine uninspirierte, eindimensionale 08/15-Kampagne eines unserer Mitbewerber. Mit der Begründung des Lotterie-Vorstandes, man wolle erst mal ganz »simpel und basic« anfangen. Ganz simpel und basic hieß das für mich: Die Agentur war in den Sand gesetzt.

Aber nun mal von Anfang an: Meine Werbeagentur war 1993 vom Stapel gelaufen, als klassische Kreativschmiede. Ganz gegen alle Klischees von der wilden Werberwelt verstanden wir uns aber hanseatisch solide und arbeiteten konzeptionell und strategisch. Bei einem ausgebildeten Fotografen, bildenden Künstler und Designer wie mir, der bereits allerhand Erfahrung mit den gerade aufkommenden digitalen Medien gesammelt hatte, waren ästhetische Optik und sinnliche Haptik, der ganze schöne Schein, das Kerngeschäft der jungen GmbH. Wir betreuten die Geschäftsberichte und Umwelt-Audit-Dokumentationen von Unternehmen wie Eckes und Motorola. Darüber hinaus wurden wir durch einen eher zufälligen Umstand – ein großes Agrochemieunternehmen fragte bei uns an – zu dem Spezialisten für alles rund um die Kommunikation über Herbizide, Fungizide und Co. in Deutschland. Das war nicht wenig, denn Deutschland ist ein großer Markt für Agrarchemie. Da unsere Kampagnen sehr kreativ und innovativ waren und wir in Sachen Design und Konzept einfach einzigartig ablieferten, öffneten sich uns nach und nach auch die Türen bei anderen Unternehmen der Branche, etwa bei BASF. Wir, das waren übrigens mein Freund Bernd und meine damalige Lebensgefährtin und spätere Mutter meines Sohnes, Michaela, daneben noch ein weiterer Gesellschafter, Jörn, der auch mein Steuerberater war.

Wenn wir pitchten, gewannen wir üblicherweise und brauchten uns vor Branchengrößen wie Kirchhoff, Peter Schmidt Group und Co. nicht zu verstecken. Einen Pitch allerdings gewannen wir nicht. Schuld daran war meine Leidenschaft für Automobile. Schon seit meiner Kindheit bestand diese Faszination, nun konnte ich sie so richtig ausleben. Kurz nach meinem 30. Geburtstag hatte ich mir meinen neuen Sportwagen gegönnt, einen Porsche 911 964 RS. Wer weiß, wovon ich rede, kann den nächsten Satz überlesen. Das Ding ist sportlich hart und höllisch laut. Als Familienkutsche völlig ungeeignet (inzwischen war auch mein Sohn Calvin auf der Welt), nutzte ich ihn gern und oft für geschäftliche Fahrten. So auch zum Gespräch bei Nestlé, die den Etat für ein Convenience-Produkt für die Gastronomie zu vergeben hatten, also Tütensuppen für Profiköche. Möglicherweise war den Herrschaften der Auftritt im roten, röhrenden Porsche etwas zu auffällig für ein solches Produkt. Den Zuschlag bekamen wir nicht, aber aus der kleinen Auto-Fachsimpelei mit dem Nestlé-Werbeleiter auf sein »Waren das eben Sie mit dem Porsche?« hin wurde ein sehr guter Kontakt.

Für die Agentur stand nun ein Ortswechsel an. Inzwischen waren wir dank unserer wachsenden Expertise im Agrarchemiebereich 20 Leute, weitere Einstellungen standen bevor und wir platzten aus allen Nähten im Loft über einer ehemaligen Waschanlage. Als mir geradezu feudale Räumlichkeiten in einem schicken neuen Industriekomplex angeboten wurden, konnte ich nicht ablehnen, trotz des stolzen Preises: 6000 Euro Miete waren fällig für die symmetrisch um einen gläsernen Besprechungsraum angelegte Etage, große Küche als Rekreationsbereich für die Mitarbeiter inklusive. Ein krasses Gegenstück zu unserer Self-made-Bude. Ich sagte zu. Das lag sicherlich auch daran, dass im Untergeschoss der vorherigen Räumlichkeiten inzwischen mein zweites Unternehmen wohnte – etwas ganz anderes als die Werbeagentur. Gemeinsam mit meinem Bruder hatte ich den ersten Internetshop für Lotus-Sportwagen und -Tuning online geschickt. Mit über 400 Artikeln, die wir zum Teil selbst entwickelt hatten, waren wir weltweit führend. Bald verkauften wir nicht nur Teile und Zubehör, sondern auch die Fahrzeuge selbst.

Bei meinen Kollegen in der Werbeagentur war meine Nebentätigkeit allerdings nicht gerade gern gesehen. Ich hatte meine

Mein Lotus Elise 1.

Arbeitszeit in der Agentur reduziert, verdiente natürlich auch weniger, aber vor allem störte wohl, dass ich, statt den seriösen Geschäftsführer zu geben, lieber ölverschmiert unterm Auto lag. Inzwischen hatte ich auch selbst einen Lotus erworben, um damit Rennen zu fahren. Mein Lotus Elise 1 trug mich zu ersten großen Erfolgen, aber auch in einen schweren Unfall. Natürlich brachte das Unruhe in die Geschäftsführung, zu der auch meine Lebensgefährtin gehörte. Der Ortswechsel schien mir daher probates Mittel, um die Dinge etwas zu entkrampfen.

Mit der Agentur ging es weiter bergauf. Schnell wuchs das betreute Etatvolumen auf rund 11 Millionen Euro und die Firma auf mehrere Dutzend Mitarbeiter, feste und freie, Agenturhündin Bely inbegriffen. Wir heimsten in kürzester Zeit unsere ersten Auszeichnungen und Preise ein, den Deutschen Designer Preis (DDC) und den der INDOKOM. Das Unternehmen bewohnte jetzt eine ganze Etage von 500 Quadratmetern, die alles beherbergte, was kreative Arbeit braucht, eigene Litho-Abteilung inklusive. Ich ganz obenauf, im Penthouse Office.

Zugleich waren wir ein echtes Familienunternehmen geworden, mit allen Vor-, aber auch Nachteilen. Bernd war inzwischen verheiratet, seine Frau Anna arbeitete ebenfalls bei uns wie auch Michaelas Schwester. Natürlich bleibt es nicht aus, dass in solch einer Konstellation persönliche und private Händel in das Klima am Arbeitsplatz eingreifen. Mein Sohn Calvin war inzwischen fast ein Schulkind, also aus dem Gröbsten raus, aber Michaela und ich hatten massive Beziehungsprobleme.

Als wären die persönlichen Verbindungen mit all ihren Nebenwirkungen nicht schon genug, kam dann mit dem Freund von Michaelas Schwester noch ein Quasi-Familienmitglied ins Boot, Daniel. Wie sich herausstellen sollte, war er nicht nur ein Schwergewicht ob seiner beachtlichen Erfahrung aus einer großen Agentur, sondern dank seiner etwas schwierigen Persönlichkeit potenzieller Ballast für uns. Aber zunächst waren wir heilfroh, ihn zu haben, denn mit der jüngsten Akquise stand uns eine Herausforderung ins Haus. Ein Pharmagroßhändler wollte eine Apothekenkette in Form eines Apothekenverbundes unter einer gemeinsamen Dachmarke ins Leben rufen. Wir waren der Partner seiner Wahl. Nicht nur war Apothekenmarketing unbekanntes Fahrwasser, es handelte sich bei der Aufstellung einer Marke mit schließlich rund 1100 Outlets auch um ein Etatvolumen bisher nicht gekannten Ausmaßes für uns. Damit verbunden war der erste TV-Spot unter unserem Kommando, inklusive Mediabuchung. Mediabuchung ist heutzutage ein ausgelagertes Geschäft, das heißt, es gibt Spezialagenturen dafür, aber damals liefen die meisten Werbeplatzbuchungen noch über uns und damit auch über unsere Konten. Das blies den Umsatz natürlich in enorme Höhen und sorgte dafür, dass auf unseren Konten streckenweise Millionen standen. Da wurden auch die Banken aufmerksam. Die Zeiten der großzügigen Kreditlinien brachen an.

Großzügigkeit war generell das Gebot der Stunde. Michaela war mit Kind und Hund ausgezogen. Ich war allein zu Haus und machte daher, was ich wollte. Ich ließ mir die Haare wachsen, trug Strähnchen darin, auf die Nase kam eine orangefarbene Brille und ich ließ auch sonst nichts aus.

Auf Wunsch meiner Geschäftsführungskollegen war ich aus dem Geschäft mit Lotus ausgestiegen. Ich hatte die Firma nebst der Marke an den örtlichen Lotushändler verkauft. Mein Bruder war zum Zwecke der Betreuung von Bestandskunden mit zum neuen Inhaber gewechselt. Einzig die Rennfahrerei wollte ich nicht aufgeben, was mir seitens der Agentur einstweilen zugestanden wurde. Ich hatte mir einen Formelwagen gekauft und war Vizeweltmeister im historischen Motorsport geworden. Trotzdem war da ein gewisses Unbehagen, wie sich herausstellte, nicht nur bei mir, sondern bei allen Beteiligten.

Bernd und seiner Frau ging es nicht besser als zuvor Michaela und mir. Ihre Ehe war angeknackst. Wir alle hatten unsere Probleme mit Daniel. Zudem stellte sich immer deutlicher heraus, dass die todschicken Agenturräumlichkeiten nicht besonders funktionell waren. Mal wieder stand ein Umzug an. Diesmal nutzten wir den Neuanfang in neuen Räumen auch mit einer arbeitsorganisatorischen Neuaufstellung, die uns hoffentlich das Leben, auch miteinander, erleichtern würde. Mit dem Einzug in den neuen Agenturstandort, der wieder zwei Etagen umfasste, gab es nicht nur verschiedene Territorien – Bernd schaltete und waltete unten für sich, ich oben –, wir teilten zudem das Geschäft in verschiedene Units auf, ein Konzept, das in großen Netzwerkagenturen bereits Usus war. Es wurden Unitleiter ernannt, die ihrerseits eigene Verantwortung trugen. Die Arbeitsatmosphäre wurde tatsächlich sachlicher und professioneller. Aber auch die Freundschaften wurden lockerer und distanzierter, um sich allmählich ganz zu lösen. Schließlich regte sich bei uns allen der heftige Wunsch nach einer anderen Richtung, persönlich wie beruflich. Bernd lebte inzwischen auch in Trennung. Die Hoffnung auf einen Neuanfang für unsere Agentur erfüllte sich keineswegs. Immerhin konnten wir uns noch darauf einigen, irgendeine Form von Mediation zu versuchen. Ich wurde beauftragt, Möglichkeiten zu recherchieren, und brachte damit wenigstens für mich eine neue Richtung ins Spiel, durch die Begegnung mit dem Coaching. Denn was mich interessierte, immer schon interessiert hatte, war Menschen zu verstehen. Ihr Denken, ihr Fühlen, ihr Verhalten.

Unser Coach machte mit uns eine sogenannte Aufstellung. So sehr ich den Kollegen heute noch schätze, so wenig geeignet finde ich, nach dem, was ich inzwischen über das Coaching weiß, diese Methode. Jeder für sich musste mit einem Pappkameraden sprechen. Das führte zu keinerlei Entkrampfung. Im Gegenteil, wir verschanzten uns jeder in seinem Reich, auf seiner Etage, und sahen uns manchmal tagelang nicht. So wenig sich zwischen uns bewegte, so viel bewegte sich bei mir. Als Berater in Sachen Kommunikation und Marketing war ich bereits etabliert, da unsere Agentur mittlerweile ihren Schwerpunkt auf den Bereich Marketingberatung verlegt hatte. Wie immer, wenn ich irgendwo angekommen war, fragte ich mich: Und jetzt? Das ist bei mir ein wenig wie ein Dreisprung: Die erste Frage lautet: Wo sind neue Märkte? Die Zweite: Kann man da was verdienen? Und last, but not least: Kannst du das?

Wo ein neuer Markt sein könnte, lag mir überdeutlich vor Augen, in Form der Honorarrechnungen unseres Coaches. Dessen Tagessatz lag erheblich über meinem als Geschäftsführer der Agentur. Zudem hatte ich den Eindruck, wodurch auch immer, dass man als Coach mindestens an vier Tagen die Woche gebucht ist und das Geschäft relativ entspannt ist. Man braucht nur eine kleine, feine Räumlichkeit, hat keine Verantwortung mehr für eine Menge Mitarbeiter, redet ein wenig, hört ein wenig zu ... kurz: Das klingt gut. Heute weiß ich, weit gefehlt! Nichtsdestoweniger ist es noch immer mein Traumberuf.

Wie kam es also dazu? Denn Frage 3 – Kannst du das? – konnte ich zu diesem Zeitpunkt nun wirklich nicht bejahen. Es gibt aber wie für fast alles in Deutschland auch für Coaches einen Verband. Beim DBVC erhielt ich bei meinem Vorsprechen von Christopher Rauen den Tipp, dass es gleich vor meiner Haustür, in Frankfurt nämlich, das Institut für systemische Theorie und Praxis, kurz ISTUP, von Dr. Walter Schwertl gibt, der nicht nur Coach ist, sondern auch ausbildet. Ich habe keine Zeit verloren, um einen Termin gebeten und drei Stunden mit Schwertl gesprochen, an deren Ende ich bereits einen Ausbildungsvertrag unterschrieb, denn schon zwei Tage später ging der nächste Ausbildungslehrgang los. Und es blieb nicht der einzige. Ich las, bildete mich in Seminaren und auf Tagungen weiter, war einige Semester Gasthörer in Psychologie an der Universität Gießen, wo ich mir Credits erwarb in den Gebieten Mediation und Paartherapie. Neben der Ausbildung zum Familientherapeuten am ISTUP absolvierte ich Prüfungslehrgänge für Psychotherapie und zum Heilpraktiker. Ich hatte so viel Freude daran und engagierte mich kolossal, nur eben kaum noch für mein Unternehmen.

Während ich die Stärke der Firma und ihre strategische Positionierung immer im B2B-Markt gesehen hatte, gingen meine Kollegen voll in der neu erschlossenen B2C-Welt auf. Sie wollten das ganz große Business. Fernsehwerbung! Der Dreh des TV-Spots für die Apothekenkette stand an. Bei der Wahl der Location, die alte Börse in Hamburg, wurde ich nicht mal mehr um meine Meinung gefragt.

Das Tröpfchen, das das Fass zum Überlaufen brachte, war dann die nächste Firmengründung. Ich hob die LATTAL Enterprise Gesellschaft für Unternehmensberatung GmbH aus der Taufe. Bei dem Namen handelt es sich um einen Kunstbegriff. Es sollte ein Palindrom sein, eine Zeichenkette, die vorwärts wie rückwärts gelesen identisch ist. Das war eine alte Idee von mir und einer verflossenen Freundin, die unter diesem Namen eigentlich ein Restaurant eröffnen wollte. Nun schmückte der interessante Name stattdessen meine Praxis. Für die Führungsriege der Werbeagentur war das zu viel des Guten. Ich wurde als Geschäftsführer abgewählt und zum bloßen Mitgesellschafter mit Sitz im Beirat. Obwohl der Beirat auch beratende Funktionen haben kann, wurde ich eigentlich zu nichts mehr befragt, lediglich unterrichtet. Wesentliches erfuhr ich nur noch über Jörn, meinen Steuerberater, so groß war inzwischen das Misstrauen.

Und Wesentliches passierte! Man trennte sich von einer ganzen Reihe alter Mitarbeiter, die ungeliebt waren, aus welchen Gründen auch immer. Man stellte Neue ein, entließ sie zum Teil schnell wieder. Es folgten arbeitsrechtliche Prozesse. Man stellte sogar eine Köchin ein, obwohl niemand in der Belegschaft Wert auf diese Maßnahme gelegt hatte. Es war also viel Bewegung in der Agentur, nur eine unruhige, holprige, wie eine Unwucht in einem Reifen. Das war sicherlich beunruhigend, aber noch nicht alarmierend. Unter anderen Umständen wäre ich vermutlich hellhörig geworden, aber da ich auf Vermittlung meines Ausbilders die Chance hatte, meinen ersten Coaching-Job an Land zu ziehen, war meine Aufmerksamkeit darauf gelenkt, mich auf das Assessment Center, das die ausschreibende Großbank vor die Auftragsvergabe gesetzt hatte, vorzubereiten. In der gegebenen Situation schien mir das schlicht logisch. Ich konzentrierte mich auf das für mich als geschasster Geschäftsführer Wesentliche: die Fortschritte in meiner anderen, zweiten Karriere. Ich bekam den Zuschlag bei der Großbank und legte damit meinen Start als Coach bravourös hin. Auch privat stand wieder alles auf Los. Ich hatte eine neue Partnerin, die mit ihrer pubertierenden Tochter zu mir zog. Auch Calvin kam zu mir zurück, als immerhin schon Zwölfjähriger auch jemand, der mich und meine Zeit und Aufmerksamkeit beanspruchte.

Umso größer der Schock auf der nächsten Gesellschafterversammlung! Bernd und Daniel konfrontierten uns damit, dass die Agentur, wenn sich nichts ändere, voraussichtlich noch vor Jahresende pleite sein würde. Wir fielen aus allen Wolken. Nicht nur, dass die Tatsache an sich katastrophal war ... Es kam noch ein besonderer Umstand hinzu: Die Gehaltspolitik in unserem Hause war für die Werbewirtschaft relativ zurückhaltend. Die Gehälter waren eher niedrig, dafür wurden die Gewinne komplett ausgezahlt, in Form von zeitweise sehr hohen Tantiemen. Die Gesellschaft hatte also praktisch keine Rücklagen und war somit stark abhängig von ihren Hausbanken. Was aber für uns Gesellschafter wirklich gefährlich werden konnte, war, dass wir die Kredite der Gesellschaft mit eigenem Vermögen besichert hatten. Allen voran natürlich ich, der Hauptgesellschafter mit dem Löwenanteil an der Firma.

Auf die Gesellschafterversammlung folgte eine weitere, wenngleich in kleinerem Rahmen und ohne Kenntnis der Geschäftsführung. Michaela, Jörn und ich setzten uns zusammen und sondierten die Lage. Welche Optionen hatten wir noch? Aufgrund des völlig zerrütteten Vertrauens sahen wir keine

Chance mehr für eine fortgesetzte Zusammenarbeit mit Bernd und Daniel. Michaela wollte nicht zurück in die Verantwortung, sie verfolgte inzwischen andere berufliche Ziele. Jörn war stiller Teilhaber als unser Steuerberater und wollte das verständlicherweise auch bleiben. Ich hatte mit LATTAL mein neues Projekt und erste größere Aufträge als Coach. Man kann also nicht gerade sagen, dass sich jemand darum riss, das Ruder zu übernehmen. Aber wenn man mit fast der Hälfte der Anteile investiert ist, hat man selbstredend Interesse, beim Schicksal der Agentur wieder das Sagen zu haben. Was dann folgte, war sicherlich nicht ein leuchtendes Beispiel an Fairness, aber der prekären Situation geschuldet. Da wir drei über die Sperrminorität verfügten, konnten wir mehr oder minder die Bedingungen diktieren. Daniel wurde schlicht gekündigt. Bernd wurde angeboten, seine Anteile für einen symbolischen Euro zurückzugeben. Zudem durfte er »seine« Kunden an seine neue Arbeitsstelle mitnehmen, wenn diese das wollten. Michaela stieg ganz aus, indem sie ihre Anteile an die GmbH abgab. Wir holten uns mit meinem persönlichen Coach Holger und meinem Freund Hugo zwei neue stille Teilhaber an Bord. Ich war also wieder Geschäftsführer und dieses Mal allein.

Es folgte eine kolossale Zerreißprobe. Ich hatte die Doppelbelastung im Job, nebenher noch den Rennstall und eine Patchwork-Familie mit zwei pubertierenden Jugendlichen. Ich versuchte, der Lage Herr zu werden und Kräfte zu konzentrieren, indem ich die LATTAL in die Agenturräume umzog. Natürlich eine unliebsame Entwicklung für mein Team, aber andererseits:

Wer waren die überhaupt? Bernd und Daniel hatten den Großteil »meiner« Mitarbeiter vertrieben und dafür andere Leute eingestellt. Ich kannte mein Team im Grunde kaum und hatte daher weniger Skrupel, harte Personalentscheidungen zu treffen. Eine Menge Leute wurden entlassen und stattdessen alte Weggefährten zurück an Bord geholt. Es fühlte sich allmählich wieder so an wie früher, machte sogar Spaß, aber eines fehlte: das alte Erfolgs-Duo Bernd und Felix. Das war Geschichte. Ich habe Bernd, der mal mein Freund gewesen war, seit dem Termin zur Rückgabe seiner Anteile beim Notar nie wiedergesehen.

Was machte also Spaß an dieser Malocherei? Wir hatten durchaus tolle Erfolge, heimsten Preise ein wie den deutschen Designerpreis in Silber für die Kampagne für den gemeinnützigen Verein »Wildwasser« oder den Triple A Award. Wir hatten daher auch eine prima Mediencoverage. Aber all das zahlt leider keine Gehälter und Rechnungen. Finanziell wurde es immer enger. Schließlich trennte ich mich schweren Herzens von meinem Rennstall. Der Pitch der Hessischen Lotteriegesellschaft für die Euro-Jackpot-Einführung kam also gerade rechtzeitig, wie gerufen. Denn unterschwellig wusste ich: Wenn es damit nichts wird, dann war es das. Wir brauchten diesen Job unbedingt.

Die Voraussetzungen waren allerdings ziemlich gut. Die vorausgegangenen Kampagnen der Lottogesellschaft waren schon sehr witzig und unkonventionell gewesen. Sie hatten locker mit dem Lokalkolorit gespielt. »Ei, im Lotto gewonne?«, fragte es da mit dem besonderen Charme der Rhein-Main-Bewohner. Mit so einem Kunden konnten wir das ausspielen, was uns ausmachte, was wir konnten ... glaubte ich. Für die Kampagne standen 1,3 Millionen Euro zur Verfügung. Sie sollte drei Monate laufen und hätte uns damit bis weit ins nächste Jahr beschäftigt. Entsprechend fuhren wir auf: Spitzenkreative wurden eingekauft, ein tolles Präsentationsteam zusammengeschweißt, wir konzipierten insgesamt sieben verschiedene Kampagnen auf allen Kanälen, ob klassisch oder below the line, Radio war dabei, Merchandising, Social Media, you name it. Wir ließen uns selbstverständlich vom Kunden zwischendurch über die Schulter schauen. Die Zusammenarbeit bei diesen Schulterblicken war hervorragend. Unsere Stimmung war entsprechend glänzend und so lieferten wir auch eine erstklassige Show ab beim Termin mit der Vorstandsriege der Lotterie. Man dankte überschwänglich, und dann hieß es wie so oft »Wir melden uns bei Ihnen«.

Und das taten sie nicht. Die Zeit ging ins Land, es wurde Herbst. Wieder ging eine Beziehung in die Brüche. Auch Calvin ging wieder zurück zu seiner Mutter. Wo schon alles so auf Sturm stand in meinem Leben, klammerte ich mich an diese eine Hoffnung in Form des Lottotopfes. Der Euro-Jackpot, er wurde auch zu meinem Jackpot. So wie man bei Abgabe des Lottoscheins vermutlich Bilder im Kopf hat, so hatte ich sie beim Gedanken an diesen Job. Noch einmal richtig Reibach machen! Die Agentur gut verkaufen oder in ein Agentur-Netzwerk eingehen lassen. Und dann nur noch LATTAL und Coaching! Hätte, hätte, Fahrradkette ... Was dann tatsächlich kam, wissen Sie bereits.

In der Rückschau habe ich schon so ziemlich alles richtig gemacht, gemessen an der Schieflage des Schiffs und gemessen daran, dass es eine Doppel- bis Dreifachbelastung war, da LATTAL daneben weiterlief. Ich habe es geschafft, die Firma im ersten Jahr nach meiner Rückkehr zu entschulden. Leider ging das nicht, ohne dass viele Leute entlassen werden mussten, bis auf die verbliebenen glorreichen Zwölf. Immerhin hatten wir es geschafft, noch bei sieben Pitches dabei zu sein, darunter eben der besagte bei der Lottogesellschaft. Aber auf hoher See und im Angesicht von Werbekunden ist man eben in Gottes Hand. In kaum einer anderen Branche ist Hopp so nah an Topp wie bei den Werbern. In diesem Fall hieß es eben leider: »Hopp!«

Sie meinen, das hört sich zu leichtfertig an, oder? Nein, Leichtfertigkeit ist das Letzte, was mich mein Scheitern lehrte, wohl aber Großzügigkeit, unter anderem. Und auch Wertschätzung gegenüber allem und jedem.

Scheitern passiert, stündlich, täglich, jedem. Scheitern lehrt uns krabbeln und laufen, radeln und skilaufen, küssen und sogar Auto fahren. Wir scheitern als Kinder ständig und werden dadurch erst stark und lebenstüchtig.

SCHEITERN GEHÖRT ZUM LEBEN

Wir lernen das Scheitern schon von klein auf. Wir kommen ins Leben und können so gut wie nichts. Alles, was wir uns aneignen, erarbeiten wir uns durch bewusstes Scheitern. Es mag mal wehtun, zu einer blutigen Nase führen oder zu einer Standpauke über eine zerrissene Hose, aber es bringt uns stets weiter. Das funktioniert so: Wir probieren etwas aus. In der Regel klappt es nicht gleich beim ersten Mal. Also versuchen wir es erneut. Klappt wieder nicht. Mist! Egal. Ich will es schaffen! Und auf, noch einmal! Dieses Mal ein bisschen anders. Ha, geht doch schon besser! Aber noch nicht ganz. Kurze Pause. Ich weiß, ich kann es schaffen. Und los!

So geht es uns mit allem. Krabbeln, aufstehen, laufen, schwimmen, Fahrrad fahren, die Reihe lässt sich endlos fortsetzen, etwa bis ins Teenageralter. Dabei ist es nach Erkenntnissen der amerikanischen Psychologin Emmy Werner besonders von Vorteil, wenn wir früh lernen, allein zu sein, selbstständig etwas zu tun. Wenn wir uns im Scheitern selbst helfen müssen. Distanzierte Familienverhältnisse mögen uns kalt und nicht kindgerecht erscheinen, für unsere Resilienz jedoch, unsere Ausdauer, Widerstandskraft und Lebenstüchtigkeit, sind sie eher förderlich. Ich betone, distanzierte Verhältnisse, nicht lieblo-

Scheitern bringt uns stets weiter.

se! Denn Affirmation ist lebenswichtig für Kinder. Sicherheit ebenso. Fehlertoleranz vor allem.

Einige von uns genießen das Privileg, Fehlertoleranz ihr ganzes Leben lang zu üben. Trial and Error, Versuch und Irrtum, ist eine erprobte und selbstverständlich etablierte Vorgehensweise in allen Bereichen, in denen schöpferisch gearbeitet wird; Wissenschaft, Forschung, Produktentwicklung. Scheitern ist hier kein Herumdilettieren, sondern hat Methode und ist absolut an der Tagesordnung, quasi einkalkuliert. Die sogenannte heuristische Methode bezieht das Scheitern ausdrücklich mit ein. Viele große Erfindungen waren tatsächlich zunächst Fehler, Misserfolge. Von Penicillin über die Röntgenstrahlung bis hin zum Post-it-Zettel – sie alle sind zufällige Entdeckungen, ungewollte Nebenprodukte von Versuchen, die eigentlich etwas anderes zum Ziel hatten, aber daran gescheitert sind, um dann doch etwas zu finden, oft sogar etwas viel Großartigeres. Der Wissenschaftler spricht da von Serendipität.

So ging es zum Beispiel der Minnesota Mining and Manufacturing Corporation, kurz 3M, und dem dort beschäftigten Entwickler Spencer Silver. Auf der Suche nach einem Superkleber hatte er einen erfunden, der leider gar nicht super klebte, sondern ganz im Gegenteil sehr leicht ablösbar war. Das Produkt, das daraus entstand, um aus der Not eine Tugend zu machen, war eine Art Pinnwand. Das Ding wurde ein veritabler Flop und 3M ließ die Idee rasch wieder fallen. Man hatte damals nicht die größte Tugend des Klebers erkannt. Erst lange Zeit später erinnerte sich ein Kollege Silvers, Arthur Fry, an den gefloppten Superkleber. Fry sang leidenschaftlich gern im Chor, ärgerte sich aber genauso leidenschaftlich über die ständig aus seinen Notenblättern fallenden Notizzettel. Er führte die Idee Silvers ihrer wahren Bestimmung zu und nutzte den Kleber für haftende, aber leicht ablösbare Notizzettel. Die gelben Haftnotizen, die 3M bald darauf unter dem Namen »Post-it« auf den Markt brachte, waren ein Riesenerfolg, weltweit. In der Folge wurde Art Fry vom Magazin Esquire zu den »100 Best People in the World« gezählt und die Post-its selbst von Fortune zu den besten Ideen des 20. Jahrhunderts.

Ähnliches lässt sich auch in der Welt des Sports beobachten. In keiner anderen Sphäre gilt wie dort: Es kann nur einen geben, einen Sieger, einen Champion, einen Weltmeister. Alle anderen sind gescheitert. Doch wie wäre Sport auf Wettkampfniveau denkbar, wenn die Verlierer nicht wieder zum Training anträten, um das nächste Mal auf dem Siegerpodest zu stehen? Mehr noch: Wir feiern die Außenseiter, wenn sie siegen, drücken den Underdogs leidenschaftlich die Daumen und freuen uns an fairen Verlierern … Ist es nicht erstaunlich, dass das Scheitern trotzdem in der Gesellschaft stigmatisiert ist? Ist es nicht geradezu dumm?

Wir feiern die Außenseiter, die Underdogs.

Wenn Thomas Alva Edison sich dieses Stigma zu Herzen genommen hätte, hätten wir keine Glühbirne. Und sicher auch keine der Dutzenden anderen Erfindungen unter seinem Namen. Wenn Henry Ford sich von den entmutigenden Einschätzungen seiner Vorgesetzten bei – ausgerechnet! – der Edison Company über seine Arbeit hätte beeinflussen lassen ... Und wenn Pablo Picasso von der beißenden Kritik seiner Zeitgenossen beeindruckt gewesen wäre ... Und Elvis Presley davon, dass er nach seinem ersten Auftritt sofort gefeuert wurde ... Und Steven Spielberg davon, dass er von der Filmhochschule flog ... Oder Joanne K. Rowling von den zwölf Ablehnungen ihres Manuskripts »Harry Potter« ... Die am meisten bewunderten Menschen unserer Zeitgeschichte, die Idole unserer Gesellschaft, haben uns ausnahmslos eines voraus: ein gerüttelt Maß an Erfahrung mit dem Scheitern. Und das Wissen, dass und wie man daraus Stärken entwickelt.

In einigen Bereichen wird die Kultur des Scheiterns daher bewusst gepflegt. Jeder Künstler wird wohl das Credo des irischen Schriftstellers und Nobelpreisträgers Samuel Beckett unterschreiben: »Ever tried. Ever failed. No matter. Try again. Fail again. Fail better.« Immer versucht. Immer gescheitert. Egal. ... Wieder versuchen. Wieder scheitern. Besser scheitern. Ob Cézanne oder Picasso, Beethoven oder Caruso, sie alle hatten »Karrieren«, die das Gegenteil von einem Zuckerschlecken waren.

Paul Cézanne wurde zwei Mal von der Kunstakademie Frankreichs, der École des Beaux Arts, abgelehnt. Ebenso von der wesentlichen Kunstausstellung, Salon de Paris, die ihn über sechs Jahre vor der Tür hielt. Erst 1895, als er dem Drängen seiner Künstlerkollegen Pissarro, Monet und Renoir nachgab und einem Galeristen erlaubte, seine Werke auszustellen, wurde seinem Werk die verdiente Aufmerksamkeit zuteil. Heute gilt Cézanne als einer der Wegbereiter der modernen Malerei, unter anderem nach Ansicht Pablo Picassos. Auch der musste lange als gescheiterte Existenz gelten. In der später gerühmten »Blauen Phase« war er so arm, dass er viele seiner Gemälde wieder verfeuerte, um seine Behausung ausreichend beheizen zu können. Zeitgenossen, selbst Beflissene wie der Kunsthändler Vollard, hielten seine Malerei für »das Werk eines Verrückten«. Kollegen wie Georges Braque wurden bildlich: »In dieser Art zu malen ist so schlimm, als tränke man Benzin in der Hoffnung, Feuer zu spucken«. Zu dessen Ehrenrettung: Er änderte bald seine Meinung und begründete mit Picasso den Kubismus.

Große Meisterwerke oder brotlose Kunst?

Und Beethovens Historie des Scheiterns? Nun – ich spreche nicht von seiner notorisch unglücklichen Art, unerreichbare Frauen anzubeten. Tatsächlich hatte der Komponist nur mit einem seiner Lehrer einen verständigen Mentor, Mozart. Alle anderen, darunter kein geringerer als Haydn, urteilten äußerst hart über ihn. Wenig besser ging es ihm bei den Kritikern. Der Mann, der wegen der Komplexität seiner Musik heute als einer der einflussreichsten Komponisten aller Zeiten gilt, schuf nach Meinung seiner Zeitgenossen »Orgien vulgärster Geräusche« und »krude Monstrositäten«. »Freude, schöner Götterfunken« muss ein Phänomen gewesen sein, das Beethoven eher vom Hörensagen kannte. Dennoch: Er hat nie aufgegeben, na ja, außer die Gesellschaft anderer Menschen. Er lebte am Ende streng zurückgezogen von der Welt.

Caruso? Der Inbegriff des Startenors wurde von seinem Gesangslehrer eher widerwillig angenommen, da seine Stimme sei, »wie der Wind, der an den Jalousien rüttelt«. Singen hat der Bursche dann doch bei ihm gelernt, aber leider wenig mehr. Seine ersten Auftritte wurden ausgebuht, da er ein jämmerlicher Darsteller auf der Bühne war. Entsprechend war der »König der Tenöre« zunächst ein singender Hungerleider. Dass er den Sänger-Olymp dennoch erklimmen konnte, erklärte er so: »Was macht einen guten Sänger aus? Ein großer Brustkorb und ein ebenso großes Maul, 90 Prozent Gedächtnis, 10 Prozent Intelligenz, viel, viel harte Arbeit und ein Funke im Herzen.«

Ein Funke? – Kunst und Wissenschaft wissen um die Muse namens Scheitern. Trial and Error, Versuch und Irrtum, sind quasi der linke und der rechte Fuß des Forschungsprozesses. Versuch, Irrtum, neuer Versuch, wieder Irrtum, verbesserter Versuch, neuerlicher Irrtum ... Das funktioniert schon in der Kindheit. Könnten Sie laufen, wenn Sie nach dem ersten Sturz auf die Nase von diesem frustrierenden Unterfangen abgelassen hätten? Wäre ein Fahrrad nicht ein Werk des Teufels für Sie, wenn Sie Schlüsse aus der üblen Begegnung mit dem Bordstein gezogen hätten? Misserfolge sind lebenswichtig für uns: Wir lernen so viel, vor allem so viel mehr als bei unseren Erfolgen. Wir lernen mehr über uns selbst, über die Menschen um uns herum, über den Gegenstand unserer Niederlage – egal ob bei einem beruflichen Projekt oder einer sportlichen

Durch Misserfolge lernen wir leben.

Herausforderung, einer beendeten Freundschaft oder verloren gegangenen Liebe. Durch Misserfolge lernen wir leben. Wenn wir dem Scheitern so viel verdanken, warum verleugnen wir es?

WIE SCHEITERN ZUR KATASTROPHE WIRD

»Scheitern« – das Wort jagt den meisten Menschen kalte Schauer über den Rücken. Mir zugegebenermaßen bis vor einiger Zeit auch. »Gescheiterte Existenz« – etwas Übleres kann man wohl kaum über jemanden sagen. Vor allem kaum etwas Endgültigeres. Einmal gescheitert, immer gescheitert. Das hat man auch über mich gesagt. Entsprechend meiden wir die Rede vom Scheitern oder Gescheitertsein wie der Teufel das Weihwasser. Niemand spricht das große Wort gelassen aus: »Ich bin gescheitert.« Ich tue das.

Unsere Verklemmtheit angesichts des Scheiterns zeigt sich auch daran, wie wenig sich in unserer Sprache an Zitaten oder geflügelten Worten über das Scheitern findet. Während zum Beispiel die englische Sprache die Wendung »to fail forward« kennt, also quasi »vorwärts scheitern«, gibt es bei uns nichts Vergleichbares. »Wer nicht wagt, der nicht gewinnt« ginge allenfalls in diese Richtung. Maximal räumen wir gnädig und mit gewisser Herablassung eine »zweite Chance« ein, auf die »jeder ein Recht habe«. Warum denn eigentlich nur eine? Und warum ist das eine Frage des Rechts oder des Rechthabens? Zudem darf die zweite Chance, die man ergreift, nicht allzu ambitioniert sein. Bescheidenheit ziemt sich, kleinere Brötchen sind zu backen. Als gefallener Millionär sollte man möglichst nicht mehr werden wollen als Tellerwäscher.

Wir reagieren auf das Scheitern anderer mit niedersten Emotionen: mit Häme und Schadenfreude, mit Berührungsängsten, Lästereien und übler Nachrede, obwohl wir den Betroffenen und seine Geschichte oft nur vom Hörensagen kennen. Den Gescheiterten erwartet nichts weniger als ein Scherbengericht. Denn Scheitern wird als Fehlverhalten eingestuft. Zumindest legt das die Vokabel von der »Wohlverhaltensphase« aus dem deutschen Insolvenzrecht nahe. Das klingt ähnlich erquicklich wie »Hausarrest« oder »Bewährungsstrafe«.

Scheitern wird als Fehlverhalten eingestuft.

Unser Hochmut gegenüber Gescheiterten schlägt gnadenlos auf uns zurück. Scheitern wir selbst, empfinden wir Schuld, Scham und Demütigung. Wir versuchen uns und unsere Niederlage zu verstecken. Wir hoffen auf Vergessen, das eigene und das der anderen. Wir suchen nach dem Schuldigen, selten bei uns selbst. Wir reden schön und finden doch keinen Frieden. Mehr noch: Unser verkorkstes Verhältnis zum Scheitern wird umso kranker, je häufiger wir es mit Niederlagen zu tun haben, eigenen oder denen anderer. Denn kurioserweise ist das Scheitern, das uns so verhasst ist und das wir zu meiden suchen, an der Tagesordnung. Scheitern ist so sicher wie das Amen in der Kirche oder der nächste Sonnenaufgang. Ob Schulabbrecher oder Privatinsolvenzen, ob platzende Immobilienblasen, die traditionsreiche Banken stürzen lassen, oder stolze Staaten, die über ihre aufgehübschten Leistungsbilanzen Bankrott gehen, Scheitern ist allgegenwärtig. Doch es ist ein Thema wie Politik, Krankheit und Sex: Darüber spricht man nicht.

Scheitern ist das große »Tabu der Moderne«, wie der amerikanische Sozialwissenschaftler Richard Sennett festgestellt hat. Das stimmt immer noch, auch wenn es inzwischen eine ganze Reihe von Phänomenen gibt, die dem eigentlich widersprechen. Da sind zum einen die Koketterien mit dem Gescheitertsein, die zu wenigen Cent secondhand bei Amazon angeboten werden, und da sind zum anderen die apokalyptischen Reiter der Erfolgsstrategien, die das Scheitern zur bloßen Vorstufe des Erfolgs erklären. Beide eint, dass sie das Scheitern als etwas schildern, das man überwinden oder verarbeiten kann und soll. Und dann gibt es da noch die Wahnsinnigen mit Methode. Krachend Gescheiterte, die immer noch so tun, als beherrschten sie den Dreifachsalto. Ehemalige Börsengurus und Motivationstrainer, die Konkurs und Knast hinter sich haben und jetzt wieder mit denselben Geschäftsmodellen und noch höheren Auftrittsgagen Hallen füllen. Einer verspricht seinen Opfern sogar einen sagenhaften Return on Investment nur durch das Beiwohnen seiner Auftritte. Besser ist nur noch Geld verdienen im Schlaf, nicht wahr? Sie alle irren. Scheitern kann man nicht hinter sich bringen, ablegen und wegschließen.

Kann man sein Scheitern hinter sich lassen?

Wahr ist dagegen dies: Unser Scheitern ist wie ein Koffer ohne Griff – unhandlich und schwer zu tragen, aber zugleich zu wertvoll, um es zurückzulassen. Das ist meine Haltung zum Scheitern, zu meinem Scheitern.

LEISTUNGSGESELLSCHAFT IN DER KRISE

Kinder scheinen die Einzigen zu sein, die dem Phänomen des Scheiterns ganz entspannt begegnen, die sich nicht schämen, wenn sie hinfallen, und immer wieder aufstehen. Diese Unverschämtheit in puncto Scheitern hält leider nur etwa bis ins Teenageralter an. Warum das? Stichwort Gesellschaft ... hier liegt der Hase im Pfeffer. Mit dem Eintritt ins Schulalter und den ersten Entscheidungen über Leistungen und Eignungen durch Zeugnisse und Empfehlungen für weiterführende Schulen lernen wir eine neue Qualität des Scheiterns kennen: seine klassifizierende Wirkung.

Wir verlernen, aus dem Scheitern zu lernen.

Plötzlich ist Scheitern kein hilfreicher Impuls bei der Eroberung unserer Welt mehr. Es separiert und diskriminiert. Oder vielmehr: Es führt dazu, dass man uns separiert und diskriminiert. Scheitern hat jetzt Konsequenzen, oft irreversible. Dadurch verändert sich unser Verhältnis zu Misserfolgen. Wir fürchten sie und schämen uns für sie. Mit der Scham kommt der Neid auf die nicht oder weniger

Scheiternden, die Schadenfreude gegenüber noch größeren »Losern« und vor allem unsere Unfähigkeit, mit unserem Scheitern unverstellt umzugehen. Wir verlernen es, aus dem Scheitern zu lernen. Wir bekommen sogar so große Angst davor, dass wir irgendwann gar nichts mehr wagen. Oder wie es das Werber-Genie Paul Arden flapsig sagte: »Wer nie einen Fehler macht, macht warhscheinlich [sic!] sowieso nicht viel.« (Arden, 2010, S. 50.)

Das ist die Tragik der Leistungsgesellschaft. Selbstverständlich: Leistung an sich ist nichts Schlechtes, sie motiviert, ist schöpferisch, inspirierend und integrierend. Aber sie ist auch messbar, vergleichbar und damit kompetitiv. Wo Leistung ist, ist auch Minderleistung oder keine Leistung, sogar Fehlleistung, die destruktiv wirkt. Indem wir nur der Leistung einen Wert zumessen, verlieren wir unsere Fähigkeit, mit Misserfolg umzugehen und Krisen zu meistern. Dies ist nicht etwa des Menschen Natur, sondern ein kulturell bedingtes Phänomen. »Dem Siegeszug des Kapitalismus haben wir die Gewinner- und Verlierermentalität zu verdanken«, stellt der Sozialpsychologe Professor Heiner Keupp fest (zitiert nach Schießl, 2013). Das gemeinschaftliche Handeln, das früher das Überleben in kleineren oder größeren Gesellschaftsordnungen gesichert hat, ist einem Wettbewerbsverhalten gewichen, in dem das Individuum kontinuierlich und bisweilen zwanghaft Selbstoptimierung betreibt. Diese Denkweise wird kaum hinterfragt und sogar medial bestätigt. So vermitteln populäre Fernsehformate wie Castingshows: Wer versagt, wird aussortiert.

Wer versagt, wird aussortiert.

Deutschland ist tatsächlich ein Paradebeispiel für eine kulturell bedingte Intoleranz gegenüber Fehlleistungen. Silke Pfersdorf verweist in diesem Zusammenhang auf eine Studie des Wirtschaftspsychologen Professor Michael Frese von der Leuphana-Universität Lüneburg. Frese sieht Deutschland im Vergleich mit 61 anderen Ländern auf dem vorletzten Platz in Sachen Fehlertoleranz. Schlimmer ist nur noch Singapur. Entsprechend entwickelt Frese Fehlermanagement-Trainings für Unternehmen, sehr erfolgreich im Einzelfall, warnt aber dennoch vor zu viel Euphorie: »Wenn man die Leute einzeln fragt, wie sie mit Fehlern umgehen, hat man das Gefühl, das Denken habe sich verändert. Gesellschaftliche Bewegungen jedoch sind sehr langsam.« (Zitiert nach Pfersdorf, S. 44.) Scheitern ist nach wie vor ein Skandal in unserer leistungsorientierten Gesellschaft. Weder in Unternehmen noch privat wird offen über Misslungenes gesprochen. Diese Verleugnung schlägt gnadenlos zurück, nimmt sogar oft pathologische Züge an: Burn-out, Depressionen oder gar Alkoholismus können die Folgen sein. In der Leistungsgesellschaft gibt es für Lebensläufe nur eine Form: die Erfolgsgeschichte. Das ist ebenso lebensfremd wie menschenfeindlich, denn Niederlagen gehören zum Leben dazu. Wer sein Scheitern annimmt, ist kein Loser, sondern schlicht lebenstüchtig. »Gescheiterte Existenz« lautet dennoch das schlimmste Urteil, das unsere Gesellschaft kennt. Entsprechend bunt leuchten die Fassaden der Potemkinschen Dörfer, die jedermann baut, um vom schlicht unvermeidlichen Versagen abzulenken: »Pech gehabt«, »nicht ganz so gut gelaufen«, »zur falschen Zeit, am falschen Ort« hört man allenthalben. »Gesellschaftliche Bewertungskulturen werden über Generationen hinweg über die Familien weitergegeben. Letztlich werden nur viel Zeit und die Globalisierung etwas daran ändern«, urteilt die Kölner Psychiaterin Déirdre Mahkorn (zitiert nach Pfersdorf, S. 44).

Dabei ist die Krise doch die Norm. Die Scheidungsraten liegen hierzulande seit Jahrzehnten bei hohen 30 Prozent. Jeder vierte Arbeitnehmer in Deutschland hat innerlich gekündigt, fand das Beratungsunternehmen Gallup heraus. Deutschlands Krankenkassen geben einen jährlich steigenden Betrag für Krankentage oder sogar dauernde Arbeitsunfähigkeit wegen psychischer Erkrankungen aus. Die Ratgeberliteratur für alle Lebenslagen füllt Bestseller-Listen und Grabbeltische. Und tut es das »Autogene Training für Dummies« nicht mehr, bewirbt man sich um einen der heiß begehrten Termine beim Psychiater oder Hypnotiseur. Ganz zu schweigen von den selbstverstümmelnden Formen der zwanghaften Selbstoptimierung wie Anorexie oder Beauty-OP-Sucht. Die Fixierung auf Leistung geht sogar über das Individuelle hinaus. In der Dauerkrise, die die Welt seit dem Platzen der Immobilienblase in den USA im Griff hat, werden sogar ganze Länder und Gesellschaften als gescheitert betrachtet und mit entsprechenden Sanktionen belegt.

Die Krise ist die Norm.

VOM NUTZEN DES SCHEITERNS

Dennoch plädiere ich dafür, das Scheitern an sich nicht nur negativ zu sehen, sondern auch seinen Nutzen zu erkennen. Der inzwischen leider verstorbene Musikkritiker und Chefredakteur der Süddeutschen Zeitung, Joachim Kaiser, hat einmal gesagt: »Alles Gelingen hat sein Geheimnis, alles Misslingen seine Gründe.« Das heißt: Im Erfolg bleibt uns unklar, warum wir solches Glück haben. Bei einer Niederlage hingegen wird uns deutlich, was wir künftig besser machen müssen.

Das beste Argument für den Charme des Scheiterns ist der Fatalismus des Erfolgs. Wie fühlen wir uns im Moment des Erfolgs? Richtig, glücklich! Sicher, wir waren fleißig und motiviert, haben gute Entscheidungen getroffen oder wenigstens klug geraten. Aber vor allem haben wir eines gehabt: Glück! Das Dumme daran ist: Wir können nicht wirklich exakt sagen, warum wir Erfolg hatten. Erfolg ist schlecht analysierbar. Das ist einer der Gründe, warum es selten gelingt, auf Dauer erfolgreich zu sein. Erfolg scheint tatsächlich schicksalhafter als Misserfolg. Unser Scheitern hingegen können wir durchaus analysieren. Wir können mit ziemlicher Gewissheit nachvollziehen, wo wir Fehler gemacht und falsche Entscheidungen getroffen haben, uns Gefahren ausgesetzt haben oder zu träge waren. Voraussetzung dafür ist allerdings, dass wir analysieren! In der Regel ist dies ein schmerzhafter Prozess. Nicht

Erfolg scheint schicksalhafter als Misserfolg.

bei allen wird das so furchtbar sein wie bei Reinhold Messner, der ein unbedingter Verfechter der Schönheit des Scheiterns ist. Er hält daran fest, dass er ohne seine katastrophalen Niederlagen am Berg, die viele Mitstreiter, auch seinen Bruder, das Leben gekostet haben, niemals seine Erfolge hätte erleben dürfen.

Gefragt nach dem Geheimnis seines Erfolges antwortet Messner ganz ungeheimnisvoll: »Ich lerne durch das Scheitern mehr als durch meine Erfolge. Wenn ich Erfolg hatte, weiß ich in der Regel anschließend nicht, warum ich Erfolg hatte. Es spielt dann auch keine Rolle mehr. Was bleibt, ist nur ein Erfolgsgefühl; ein Lernprozess ist nicht gegeben. Wenn ich aber gescheitert bin, weiß ich, dass ich etwas falsch gemacht haben muss. Ich überdenke dann meine Expedition, um den Knackpunkt herauszufinden: [...] Ich kann dann beim zweiten Versuch neu ansetzen und den Fehler korrigieren – was nicht bedeutet, dass die Expedition dann erfolgreich verlaufen wird. Vielleicht scheitere ich erneut. Dann muss ich wieder Fehler herausfinden und diese korrigieren. Und so – sukzessive meine gescheiterten Expeditionen prüfend und hinterfragend sowie die Logistik korrigierend – kann ich am Ende erfolgreich sein.« (Messner, Manager Seminare 122, S. 30.) Und das ist wirklich keine Koketterie! In Messners Metier, dem Extrembergsteigen, kann jeder Misserfolg eine Katastrophe bedeuten. In der lebensfeindlichen Welt der Hochgebirge, wo der Mensch eigentlich nichts verloren hat, gibt es keinen Vollkaskoschutz, keine Einlagensicherung. Dennoch oder gerade deshalb ist das Lernen aus Misserfolgen so bedeutsam. Darum gehören Misserfolge zur Bewältigung des Projektes unbedingt dazu.

Messner geht sogar so weit zu sagen: »Heute – im Rückblick – sind mir die gescheiterten Expeditionen eigentlich lieber als die erfolgreichen. Sie schaffen die Grundlage für weitere, viel größere Erfolge. Wäre ich nie gescheitert, wäre ich nicht mehr am Leben.« (Ebd.)

Der Nutzen des Scheiterns ist, dass wir lernen, wie man die Dinge besser macht, idealerweise sogar, wie man sie richtig macht. Der Nutzen des Scheiterns ist zudem, dass wir leben lernen. Wir entdecken unsere Grenzen. Manchmal gelingt es uns sogar, sie zu überwinden oder zumindest ein wenig zu arrondieren. Wir entwickeln mentale und emotionale Widerstandsfähigkeit. Landläufig spricht man von der Stehaufmännchen-Qualität. »Das Geheimnis der Stehaufmännchen ist, dass sie negative Gedanken schneller abschalten können«, erklärt die Psychologin Andrea Abele-Brehm, »Stehaufmännchen grübeln nicht.« (Zitiert nach Kara / Wüstenhagen, 2013.) Das Stehaufmännchen gibt seinem Scheitern einen Sinn. Ein Versagen macht noch keinen Versager, ganz im Gegenteil. Das Stehaufmännchen weiß, »Umwege erhöhen die Ortskenntnis« (Pfersdorf, 2015, S. 45). Ein Stehaufmännchen akzeptiert nicht nur, dass Niederlagen im Leben unvermeidlich sind, sondern erkennt sie als lebenswichtige Erfahrungen, die auf Dauer in ein realistisches und gesundes Selbstbild münden. Scheitern ist, wenn man richtig damit umzugehen weiß, keine existenzielle Bedrohung, sondern ein Quell für Lebenstüchtigkeit und persönliches Wachstum. Persönliches Wachstum ist das Ergebnis von Erfolg und Scheitern, von Lust und Frust, von Schönheit und Schmerz gleichermaßen.

Scheitern erfordert sehr viel mehr Geistesgegenwart, Entscheidungsfähigkeit und Präzision als Erfolg. Vor allem aber erfordert es unbedingte Ehrlichkeit, sich selbst und anderen gegenüber. Wer sein Scheitern meistert, wächst über sich hinaus. Wer es nicht meistert, hat immerhin noch etwas über sich gelernt. Wer es hingegen gar nicht erst versucht, kommt darin um. Ganz ehrlich: Natürlich wird man durch »gescheites Scheitern« nicht die Welt verändern. Aber auch in einer stark kompetitiven und fehlerintoleranten Gesellschaft kann individuelle Fehlertoleranz existieren und uns unser Überleben sichern.

Ein Stehaufmännchen gibt dem Scheitern einen Sinn.

Bei meinen Vorträgen betrete ich die Bühne oder den Ort des Geschehens immer mit einem Koffer unterm Arm. Es hat einen Grund, dass ich ihn so trage. Der Koffer hat keinen Griff mehr. Er ist abgerissen und verloren gegangen. Der Koffer ist dadurch unbequem, unpraktisch, eine ärgerliche Belastung. Aber dennoch trage ich ihn mit mir. Denn dieser Koffer ist eine Metapher. Ein Bild für mein Scheitern. Vor allem ein Bild für meinen Umgang mit meinem Scheitern. Für meine Wertschätzung meines Scheiterns. Es gibt im Russischen ein Sprichwort: »Das ist wie ein Koffer ohne Griff.« Man sagt es, wenn etwas beschwerlich ist, aber dennoch nicht aufgegeben wird. Für etwas Schmerzhaftes, das sorgfältig in Erinnerung bewahrt wird. Für einen Mangel, der nicht entwertet, sondern eine neue Form gibt, sogar eine besondere Qualität. Der Koffer mag beschädigt sein, aber er ist trotzdem zu kostbar, um zurückgelassen zu werden. Ich trage ihn mit mir und öffne ihn gelegentlich, manchmal sogar täglich. Um den Schatz zu sehen, den er enthält. Mein Scheitern. Und was es aus mir gemacht hat.

Das sage ich allerdings nicht gleich zu Beginn des Vortrags. Ich verspreche den Zuhörern aber, das Rätsel im Laufe der ein oder zwei Stunden, die ich mit ihnen verbringen werde, aufzulösen. Manchmal vergesse ich es. Dann fragt man mich am Ende meines Vortrags, was es denn mit dem Koffer ohne Griff nun auf sich habe. Die Menschen wollen es wissen, das Geheimnis des unpraktischen Dings. Wenn ich es ihnen sage, dann zaubert es immer ein Lächeln auf ihre Gesichter. Und wenn wir Zeit für eine Diskussion haben, dann erzählen viele von ihnen ihre eigenen Geschichten. Von ihrem eigenen Scheitern. Ohne Scham und Scheu. Das sind ungeheuer interessante Gespräche.

Scheitern ist wie ein Koffer ohne Griff.

Mein Verlag, GABAL, unterstützte mich von Anfang an sehr, mein Thema, das Scheitern, zu Markte zu tragen. Dennoch wollten sie den Titel »Wie ein Koffer ohne Griff« nicht. Der Verlag, mit dem ich vor GABAL im Gespräch war, wollte nicht nur den Titel nicht, sondern gleich das ganze Thema nicht so richtig. »Scheitern, ja, aber als Vorstufe zum Erfolg!«, wurde verlangt. Ich habe die Verhandlung dann abgebrochen.

Der Markt hat mir recht gegeben. Wenn ich in die Suchfunktion bei einem gewissen großen internationalen Handelsunternehmen »Erfolg« eingebe, erhalte ich rund 16 000 Treffer. Wenn ich »Scheitern«

eingebe, sind es aktuell nur 182. Aber an erster Stelle steht mein Buch »Gescheit scheitern«. So viel zu den Koffern ohne Griffe. Es wohnen immer Schätze in ihnen. Ihren Wert erkennen wir mal früher, mal später.

AUF EINEN BLICK

- Scheitern gehört zum Leben dazu.
- Kinder lernen ganz selbstverständlich durch Scheitern, dieser Prozess ist essenziell für ihre Entwicklung.
- Vielen Errungenschaften in Kunst und Wissenschaft gingen Fehlversuche und Misserfolge voraus.
- In der Forschung ist Trial and Error (Versuch und Irrtum) sogar eine bewährte Methode.
- In unserer Leistungsgesellschaft ist Scheitern dennoch ein Tabuthema.
- Scheitern ist mit Gefühlen wie Schuld und Scham verbunden und wird gemieden oder verleugnet.
- Oft wird übersehen, dass sich im Scheitern eine Chance verbirgt: Während wir Erfolge eher als Glück wahrnehmen, können wir aus dem Scheitern lernen.
- Menschen mit Stehaufmännchen-Qualität wissen um den Nutzen des Scheiterns.
- Scheitern ist wie ein Koffer ohne Griff: beschwerlich, aber dennoch wertvoll.

Zweiter Teil

Das große TABU der Moderne

Mein Scheitern … Wenn ich in der Zeit der Krise meines Unternehmens mit meinem Vater telefonierte und ihm schilderte, was gerade bei mir los war und wie es mir dabei ging, konnte er das kaum aushalten. Nach zwei oder drei Minuten ungeduldigen Zuhörens kamen aufmunternde Worte – »Wird schon nicht so schlimm kommen« oder »Du schaffst das schon« – und dann wechselte er flugs das Thema und erzählte, was er gerade auf Gran Canaria machte. Diese Schulterklopferei, so gut sie gemeint sein mag, ist das Allerschlimmste.

Sicherlich ist es für einen Vater schwer, mitanzusehen, wenn sein Kind leidet. Das Gefühl kenne ich selbst. Aber subkutan spürte ich, dass mehr dahintersteckte. Hatte ich das Glück, dass das Gespräch mal länger dauerte oder keine Themen zur Ablenkung von meinem Scheitern zur Verfügung standen, kamen bald Bemerkungen beispielsweise über meine große Liebe zu schnellen Autos und meinem Hobby, der Rennfahrerei. Dann fielen Sätze wie diese: »Das habe ich dir damals schon gesagt … So viel Geld für diese fixe Idee, auf viel zu großem Fuße habt ihr gelebt, erinnere dich mal und sag nicht, du seist nicht gewarnt worden.« Der Subtext lautet schlicht und ergreifend: Selbst schuld! Und auch: Ab hier bist du allein, bloß auf dich gestellt.

Scheitern ist tabu. Wir leben in einer Welt, in der – so heißt es – jeder alle Chancen hat. Wenn er sie nicht nutzt oder beim Versuch, sie zu nutzen, auf dem Bauch landet, muss er etwas falsch gemacht haben. Oder er muss schlicht falsch sein. Meine damalige Lebensgefährtin trennte sich kurz vor der Pleite von mir. So ist es eben mit den Krisen, es bleibt in der Regel nicht bei einer. Eine zieht die andere nach sich.

Tabu war das natürlich für die Leute, die von mir abhängig waren, mein Team. Ich habe einige Zeit und einige Anläufe gebraucht, bis ich mich endlich vor sie stellen konnte, um zu verkünden, dass wir den Jackpot nicht errungen hatten. Ebenso schwer war das bei meinen Mitgesellschaftern. Zwei davon waren eben erst dazugestoßen, hatten Vertrauen in mich gesetzt. Vertrauen, das ich jetzt enttäuschte. Wir hatten zwar noch Aufträge, noch verdienten wir Geld, aber die Luft wurde dünn. Ich bekam grünes Licht, abzutakeln. Zunächst wurde noch über eine Liquidation nachgedacht. Das dauert aber ein Jahr. So viel Zeit hatten wir nicht mehr. Ich musste das tabuisierte Wort also aussprechen: »Ich stelle Antrag auf Insolvenz.«

Tabu war auch, der BMW-Vertretung zu eröffnen, dass ich den bestellten X6 nicht würde abnehmen können. Obwohl man, wie ich später erfahren habe, problemlos in der Lage war, für die Order einen anderen Käufer zu finden, war ich beim Autohändler meines Vertrauens schlagartig und für alle Zeiten abgemeldet. Den alten 3er, den ich dann fuhr, kaufte ich stattdessen privat einer älteren Dame ab. Tabu war der natürlich im Lotus Club. Wenn ich vorher mit meinen großmotorigen Boliden selbstbe-

Ein gebrauchter 3er-BMW – mein Auto während der schwierigen Zeit.

wusst ganz vorn geparkt hatte, stellte ich mein neues altes Fahrzeug nun lieber etwas weiter weg ab.

Überhaupt waren Besuche in solchen Kreisen nicht mehr ziemlich. Als Gescheiterter ist man dort nicht mehr gesellschaftsfähig, ein echter »Misfit«. Da ging es mir genauso wie Damian Izdebski, dem ehemaligen Superstar der österreichischen IT-Branche. Nachdem seine einst enorm erfolgreiche Kette DiTech pleite war, erschien er auf einer Party eines befreundeten Unternehmers, eingeladen natürlich. Ein anderer Gast stürzte auf ihn zu und fragte, was er als gescheiterter Unternehmer denn hier zu suchen habe. Der Gastgeber nahm ihn humorvoll, aber nachdrücklich in Schutz. Da hat Idzebski wirklich Glück gehabt!

Tabu war erst recht das Gespräch, das ich mit meiner Hausbank suchen musste. In den Hochzeiten der Agentur hatte man mir ungefragt eine Kreditlinie von 150 000 Euro eingeräumt. Wohlgemerkt mir, nicht der GmbH! Dieses enorme Vertrauen galt der Person, nicht der Gesellschaft. Dieses enorme Vertrauen nun zu enttäuschen, weil die Gesellschaft Schlagseite hatte, war unerhört und markerschütternd. Es hatte bereits Hinweise der Bank gegeben, dass man die Kreditlinien schrittweise zurückführen würde, die der Gesellschaft und auch meine persönlichen. Jetzt musste ich sogar die Hand heben. Sehr, sehr unangenehm, auch für Gläubiger. Ich verstehe meinen Banker heute durchaus. Er hingegen versteht mich nicht, immer noch nicht.

Dabei habe ich nirgendwo verbrannte Erde hinterlassen. Niemand ist auf Schulden sitzen geblieben. Ich habe alles verkauft – und unter Wert verscherbelt zum Teil –, wertvolle Lotus-Sportwagen, einen Renntruck, meine gesamte Altersversorgung, eine High-End-Stereoanlage, die ein ganzes Stockwerk für sich beanspruchte und deren Verstärker so schwer war, dass es Möbelpacker brauchte, ihn zu bewegen, meine Uhrensammlung, teure Sportgeräte wie Luxus-Mountainbikes … alles, alles um meinen Verpflichtungen nachzukommen. Ja, ich habe es krachen lassen in den guten Zeiten. Ich war aber auch nicht kleinlich, als es darum ging downzusizen. Max Frisch hat das so begriffen: »Krise ist ein produktiver Zustand. Man muss ihm nur den Beigeschmack der Katastrophe nehmen.« Ich war aktiver und geschäftiger, wenn man so will »produktiver« als zuvor, als ich noch Erfolge managte. Meine ehemaligen Mitarbeiter haben –

auch durch meine Vermittlung – ausnahmslos wieder Jobs gefunden. Ich liege mit niemandem juristisch im Clinch. Ich kann im Blick zurück ganz ohne Zorn und selbstbewusst sagen, dass ich im Scheitern doch alles richtig gemacht habe. Ich habe diese Krise verantwortungsvoll gemanagt, harte Entscheidungen getroffen, souverän gehandelt und dabei niemanden über Gebühr belastet – außer mich selbst. Dennoch bin ich in den Augen derer, die mich haben scheitern sehen, ein Versager. Ausnahmen bestätigen die Regel.

Die Ausnahmen, das sind mein Sohn Calvin und seine Mutter, die, obwohl wir lang getrennt waren, in der Krise der Werbeagentur emotional und mental eine wertvolle Unterstützung für mich waren und stets ein offenes Ohr für mich hatten. Und meine jetzige Lebensgefährtin, Christiane, die ich damals – übrigens über einen meiner Mitarbeiter in der Agentur – kennen und bald auch lieben lernte. Die die ungeheure Stärke hatte, einen Mann zu sehen, anzuerkennen und letztlich sogar mit ihrer Liebe zu beschenken, der etwas gewagt hatte und nun im Staub am Boden lag.

Ich war damals gewiss kein Traumtyp. Die Insolvenz hatte mich mich selbst vernachlässigen lassen. Wo ich früher im Sport Ausgleich vom stressigen Arbeitsalltag gesucht hatte, kam inzwischen eher eine Flasche Wein auf den Tisch (und wurde auch an einem Abend geleert, allein!). Wenn ich mich am Tage gegen die nachdrückliche »Beratung« meines Bankers hatte wehren müssen, es mir zu erleichtern und doch endlich die Privatinsolvenz anzumelden, ging es mir abends erst nach ein paar

Gläsern wieder gut. Scheitern kostet Kraft, viel Kraft, und die Anstrengung, sich jeden Morgen aufs Neue dem Krisenmanagement des eigenen Lebens zu stellen, zehrt ungeheuer, auch an der Physis. Wenn ich heute Bilder von vor fünf oder mehr Jahren betrachte, also vor der Havarie meiner Agentur, und dann in den Spiegel sehe, schockiert mich das.

Ich war also, als ich meine neue Lebensgefährtin kennenlernte, ungewöhnlich zurückhaltend, eher einsilbig und damit nicht gerade der übercharmante Super-Flirt. Aber ich war ehrlich. Ich stellte mich so vor: »Hallo, ich bin Felix. Ich bin 43, Single und pleite.« Ich kann manchmal heute noch nicht glauben, dass ich das gesagt habe. Ich habe sie getroffen, meine Prinzessin. Ich traf sie in einem der absolut unpassendsten Momente, die man sich zum Flirten vorstellen kann ... als Beautiful Loser.

Und damals nicht einmal beautiful, nicht im Wortsinn! Aber meine Aufrichtigkeit hob mich aus der Menge heraus. Aus der Menge der Leute (oder Männer, sollte ich in dieser Situation wohl sagen), die in der Begegnung mit einer attraktiven Frau sich eher in die Brust werfen und sich größer, stärker und schöner machen, als sie tatsächlich sind. All die Balzerei, die uns die Natur rät, um das schöne Geschlecht zu bezirzen und für uns zu gewinnen. Ich mochte zwar als (Ex-)Werber Experte für diesen schönen Schein gewesen sein, als Beautiful Loser hingegen wusste ich es inzwischen besser. Womit hätte ich auch buhlen sollen? Mit der alten Schüssel, die ich inzwischen fuhr, der fetten Panerai-Uhr, die ich mal gehabt hatte, oder den geilen Lotuswagen, die ich unter Wert hatte losschlagen müssen?

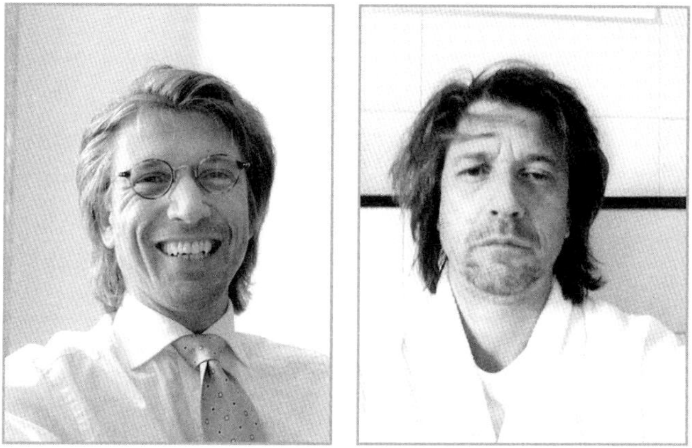

Ein Foto aus guten Zeit – und eines aus der Zeit meiner »Bademantel-depression«.

Wie heißt es doch so schön in einem Lied von Georg Kreisler? »Für das, was man gehabt hat, kann man nichts verlangen ...« Ich wusste, dass ich ich selbst sein musste, um bestehen zu können. Dass ich ganz bei mir bleiben musste, um zu überleben.

Nun gut, sicherlich traf ich in Christiane keine Frau, die einen Mann braucht, um ihren Platz in der Welt zu finden. Und zunächst war sie auch nicht meine Liebe, sondern das, was ich den Co-Piloten nenne und wozu wir etwas später im Detail kommen werden. Christiane ist erfolgreiche Immobilienmaklerin, selbstständig. Zum einen wusste sie also um die prekäre Situation von Leuten, die alles selbst machen, und das ständig. Und sie hat in ihrer Tätigkeit auch schon viele andere scheitern sehen, Konkurrenten wie Kunden, gerade weil sie auf das gehobene Immobiliensegment spezialisiert ist. Zum anderen war sie aber ausreichend etabliert und in ihrem Leben angekommen, um stark genug zu sein für einen wie mich. Ich denke, sie wusste sehr genau, worauf sie sich einließ. Immerhin ist Wiesbaden zwar die Hauptstadt Hessens und Tummelplatz der oberen Zehntausend oder wenigstens sehr wohlhabend, aber dennoch bloß ein Dorf. Was mit dem Arnet los war, das wusste damals jeder. Zumal ich ja keinen Hehl aus meiner Malaise machte.

Warum also Beautiful Loser? Der Begriff ist nicht zufällig gewählt. Es ist tatsächlich eine feststehende Kategorie. Ein paar Beautiful Loser habe ich im ersten Kapitel bereits vorgestellt. Ich maße mir nicht an, neben Cézanne oder Caruso bestehen zu können. Aber ich bin ebenso wie diese mit diesem speziellen Charakterzug beschenkt, den die Psychologie mit dem Fachausdruck »Resilienz« beschreibt und den ich schlicht »Mut« nenne. Ich hatte trotz der Krise, in der ich steckte, noch immer Mut. Und das macht, davon bin ich überzeugt, den Unterschied. Gemeint ist der Mut, Neues zu wagen, verbunden mit der Stärke, das persönliche Ziel nicht aus den Augen zu verlieren.

In meinem Falle war es das Ziel, Menschen verstehen zu wollen. Zu verstehen, wie sie denken und handeln. Ich mag Menschen einfach. Ich möchte sie kennenlernen. Ich möchte sie inspirieren und unterstützen. Ich möchte ihnen, wenn nötig, helfen können. Das war mein Antrieb von Anfang an, in der Kunst, in der Fotografie, in der Werberei ... und jetzt als Coach.

Mein Claim als Coach, also quasi mein Werbeslogan, lautet »der Experte für persönliches Wachstum«. Das ist auch so. Das ist mein USP, meine Unique Selling Proposition, das, was mich einzigartig macht. Ich habe mein persönliches Wachstum erlebt. Ich habe es bewusst erlebt und – so ich konnte – auch aktiv gesteuert. Erfolgreich. Heute verdiene ich mehr als in den besten Agenturzeiten. Gut, ich arbeite auch mehr, noch mehr, sehr zum Leidwesen meiner Lebensgefährtin. Bin ständig unterwegs, oft auch über Nacht nicht zu Hause, manchmal ganze Wochen lang. Auch das zehrt, aber es ist eben unvermeidlicher Begleitumstand dessen, was ich immer machen wollte.

Aber wie ging das, dieses »gescheite Scheitern«, dem ich mein persönliches Wachstum verdanke? Im Grunde ging dieses bewusste Steuern durch die Krise und aus ihr hinaus ebenso nach der Trial-and-Error-Methode wie die Arbeit von Wissenschaftlern. Nur dass die Methode bei mir Fail-forward-Strategie heißt. Diese kleine Vignette beschreibt das Prinzip sehr gut: Als Thomas Alva Edison zum x-ten Mal einen Versuch, das richtige Material für den Glühfaden zu finden, als gescheitert abhaken musste, kommentierte er das so: »Gut, jetzt kennen wir also schon 8000 Wege, wie es nicht geht.« Das war kein Sarkasmus, sondern nüchterne Einsicht in die Natur von Fortschritt und Akzeptanz des harten Weges dahin. Lernen ist eigentlich kein Prozess von Zugewinn, sondern von Reduktion. Wir lernen vor allem, wie die Dinge nicht gehen. Und das ein Leben lang. Unser Leben ist nichts anderes als ein kolossal komplizierter Versuchsaufbau.

BEAUTIFUL LOSER

Was sind Beautiful Loser? Unter diesem Terminus fasst man eine bestimmte Gruppe von Menschen zusammen, die gegen alle negativen Vorzeichen und durch eine ganz erkleckliche Anzahl von Krisen hindurch, ihren Weg gemacht haben. Einige wurden im ersten Kapitel schon genannt. Natürlich sind diese nicht »beautiful«, also schön. »Schön« meint hier nicht äußerliche Schönheit, sondern Würde, Güte und Haltung in der Begegnung mit dem Scheitern.

Dem Scheitern mit Würde begegnen.

In meinen Vorträgen zum Thema Scheitern unter dem Titel »Wie ein Koffer ohne Griff« beginne ich immer mit dem bereits erwähnten Thomas Alva Edison. 1854 brannte das erste »Glühlicht« – in der Werkstatt des Uhrmachers Heinrich Goebel. Der wusste zwar, was er da für ein tolles Ding vor sich hatte, aber leider konnte er niemandem dessen Nutzen plausibel machen, da es damals noch keinerlei Stromnetz gab. Die Idee geriet in Vergessenheit. War gescheitert. Bis 1879. Doch auch dann waren unzählige gescheiterte Versuche mit über 2000 Materialien für den Glühdraht nötig, bis schließlich ein verkohlter Baumwollfaden über 40 Stunden brannte – im Labor eines gewissen Thomas Alva Edison. Der gilt uns heute als der Vater der Glühlampe, weil er ein wenig geschäftstüchtiger war als Goebel und eben auch gleich das Stromnetz aufbaute sowie die industrielle Herstellung der Glühlampe entwickelte. Er war außerdem der Vater von einigen anderen wesentlichen Erfindungen wie der des Phonographen, des Stromzählers – aber auch des elektrischen Stuhls. Trotz allem konnte er seine Erfolge als Erfinder nicht zu dauerhaftem unternehmerischen Erfolg ausbauen. Er musste sich der Konkurrenz des Wechselstroms seiner Wettbewerber Westinghouse und Tesla beugen, seine Unternehmen mit deren in General Electric zusammenfassen und verdiente nach Auslaufen seiner Patente an seinen bahnbrechenden Entwicklungen kaum einen Penny mehr. Die Weltwirtschaftskrise verzehrte schließlich das Vermögen des allerdings schon greisen Edison, sodass der bei seinem Tod wohl nicht wusste, dass er als armer Mann starb. Gescheitert!

Noch ein Beispiel gefällig? Wie wäre es mit dem Vater der Coca-Cola-Flasche, die lange Zeit als die wertvollste Marke der Welt galt? Earl R. Dean zeichnete für den Wettbewerb der Coca-Cola-Company eine bauchige Flasche, die dem Grundstoff, also dem Koka-Blatt, nachempfunden sein sollte. Die Krux: Dean war bei seinen Recherchen von Koka auf Kokoa gekommen. Die sinnliche Form der Flasche hat also weniger mit weiblichen Kurven zu tun, wie manche interpretieren, sondern mit der Rundlichkeit der Kakaobohne. Sein Entwurf war demzufolge ein klassischer Fall von Thema verfehlt. Setzen, sechs! Gescheitert! Aber die Flasche war eben auch einzigartig. Schließlich verhalf dieses Design der Flasche von Coca-Cola zum heutigen Status einer Markenikone und zu grandiosem wirtschaftlichen Erfolg.

Kommen wir zu einer anderen Ikone, weniger schlank und sinnlich allerdings. Von Generationen bewundert als politischer Führer und Literaturnobelpreisträger, war Winston Churchill einst wegen seiner dürftigen schulischen Leistungen den Eliteuniversitäten in Cambridge und Oxford nicht gut genug. Er sah sich also gezwungen, dem Rat seines Vaters zu folgen und zunächst eine Armeelaufbahn einzuschlagen, um eine in britischen Adelskreisen noch einigermaßen akzeptable Karriere hinlegen zu können.

Hinter Gefängnismauern fing der Kampf erst richtig an.

Nelson Mandelas Schicksal schien im Alter von 45 Jahren besiegelt durch das Urteil »lebenslänglich« und seine Inhaftierung auf Robben Island. Doch für den Anti-Apartheids-Aktivisten und späteren ersten Präsidenten der demokratischen Republik Südafrika fing der Kampf damit erst richtig an, zwar hinter Gefängnismauern, aber dennoch vor den Augen aller Welt.

Das Urteil eines Metro-Goldwyn-Mayer-Managers angesichts des ersten Screentests von Fred Astaire lautete: »Kann nicht spielen. Kann nicht singen. Wird kahl. Und tanzen kann er nur so eben ein bisschen.« Die Nachwelt sah das anders, zum Beispiel der legendäre Michail Baryshnikow: »Kein Tänzer kann Astaire zusehen, ohne dabei zu fühlen, dass wir eigentlich alle einem anderen Beruf nachgehen sollten.«

Gescheitert war David Cornwell bereits in seiner ersten Karriere beim britischen Geheimdienst MI6, weil durch einen Doppelagenten seine Identität aufgedeckt worden war, als ein Verleger ihn kurz vor Erscheinen seines dritten Buches so vorstellte: »Le Carré – hat keinerlei Zukunft.« Von »Der Spion, der aus der Kälte kam« wurden dann aber mehr als 20 Millionen Exemplare verkauft. Bis heute folgten mehrere Dutzend weitere gefeierte Spionageromanen aus le Carrés feiner Feder, sehr erfolgreiche Verfilmungen inklusive.

Bruce Lee hatten die Ärzte wegen einer Rückenverletzung, die ihn drei Monate immobilisierte, geraten, Kung-Fu zu vergessen. Doch er war entschlossen, der höchstbezahlte asiatische Superstar der USA zu werden, was ihm 1973 mit »Enter the Dragon«, der 25 Millionen Dollar in den USA und 90 Millionen Dollar weltweit einspielte, auch gelang, leider allerdings posthum, nämlich zwei Wochen nach dem Tod des einflussreichsten und berühmtesten Martial-Arts-Kämpfers des 20. Jahrhunderts.

Das ist Ihnen alles zu historisch? Gut, das Scheitern hat seine Schönheit nicht eingebüßt in der harten Sonne des Silicon Valley. Max Levchin hat vier Unternehmen im wahrsten Sinne des Wortes in den Sand gesetzt, bevor er mit PayPal seinen ersten Erfolg hatte, der dann aber gleich weltumspannend war. Sein Geschäftspartner bei dem Zahlungsdienst, Elon Musk, hat sich danach mit seinem Unternehmen Tesla auf Elektroantriebe und Raumfahrt spezialisiert. Mit brennenden Autobatterien und explodierenden Raketen erlebte er buchstäblich krachende Niederlagen. Aber er kam nach jeder dieser Blamagen mit umso besseren Ideen zurück und verdiente sich daher bei Investoren einen Ruf wie Donnerhall.

Apropos Donnerhall: Auch das schöne Geschlecht versteht sich auf das Scheitern. Die Geschichten um den Zauberlehrling Harry Potter gelangen Joanne K. Rowling vermutlich so besonders trefflich in den katastrophalen Szenen, weil sie weiß, wie es ist, als alleinerziehende Mutter auf Sozialhilfe angewiesen zu sein und von einem Verlag nach dem anderen abgelehnt zu werden, und das in London, einer der teuersten Städte der Welt. Weiter unten geht in der britischen Gesellschaft wohl kaum noch.

Auch das schöne Geschlecht scheitert mit Bravour.

Melody Gardot wiederum stand am Anfang einer vielversprechenden Modelkarriere, als sie auf dem Fahrrad von einem Taxi erfasst wurde. Noch heute geht die Schöne meist am Stock. Aber die Unmöglichkeit des Lebens als laufende Schönheit brachte sie auf ihre noch größere Karriere als singende Schönheit. Sie gilt heute als die einflussreichste Jazzsängerin des Planeten, in einem Alter von gerade einmal paarunddreißig.

Eine ähnliche Aschenputtel-Story hat die deutschstämmige Schauspielerin Diane Krüger hinter sich. Ebenfalls wegen gebrochener Knochen fand ihre Laufbahn als Ballerina ein jähes Ende. Heute ist sie eine der wenigen wirklich erfolgreichen deutschen Mimen in Hollywood.

Und die berühmteste Blondine der Welt? Marilyn Monroe erhielt von ihrer Modelagentin den Rat, lieber einen Sekretärinnenkurs zu machen oder sich rasch gut zu verheiraten, da sie es niemals zu einer Karriere bringen werde. Columbia-Produzent Harry Cohn attestierte ihr mangelnde Starqualitäten. Dennoch wurde sie die weibliche amerikanische Ikone des 20. Jahrhunderts.

Noch eine weibliche amerikanische Ikone, wenn auch nicht kurvig und blond: Singer-Songwriter-Heroine Janis Joplin verließ enerviert die Universität, nachdem sie von der Studentenschaft zum »hässlichsten Mann auf dem Campus« gewählt worden war. Sie schlug sich auf kleinen Bühnen herum und erwog bereits, sich niederzulassen und zu heiraten, als sie Chet Helms traf und mit ihm Big Brother and the Holding Company gründete. Deren »Love is like a Ball and Chain« wurde zum ersten einer langen Reihe von All-time-Favourites der Rockgeschichte und Joplins ausgefallener Vokalstil und ihre kompromisslose Offenheit als Künstlerin und Person zum Ideal einer neuen Frauengeneration.

Angesichts dieser Geschichten erscheint die ablehnende Haltung und die Tabuisierung des Scheiterns immer abwegiger. Wie kleinmütig diese Sichtweise ist, lernt man in der Begegnung mit Menschen, die Außerordentliches und Bahnbrechendes leisten. Das Gros dieser Beispiele ist übrigens einem Buch entlehnt namens »The Secret of Success is Not A Secret. Stories of Famous People Who Persevered«. »Perseverance« heißt auf Deutsch so viel wie »Ausdauer«, »Widerstandskraft«, »Durchhaltevermögen«. Der Terminus technicus lautet »Resilienz«. Alle Begriffe sind gut und richtig, wenn es um die Fähigkeit geht, gescheit zu scheitern. Aber sie sind auch bloße Facetten oder Mosaiksteinchen des Geheimnisses, das eigentlich keines ist. Meiner Meinung nach ist das Talent, das uns befähigt, Scheitern zu überleben und für unser persönliches Wachstum zu nutzen, schlicht … Mut!

Natürlich geht es dabei nicht um die Frage, was es uns ermöglicht, vom Zehn-Meter-Brett zu springen oder ein umschwärmtes Mädchen um das erste Date zu bitten. Nicht nur wenigstens. Der Mut, den ich meine, ist der, immer wieder etwas zu wagen. Etwas Neues, etwas Unbekanntes, sogar Gefährliches. Unsere Komfortzone zu verlassen, uns in Unsicherheit zu begeben. Etwas wagen, das unsere Grenzen überschreitet und uns über uns hinauswachsen lässt. Man muss Mut wagen, um leben zu lernen. Auch überleben zu lernen. Lebenstüchtig zu werden. Wage Mut, aber nicht Wagemut! Mut weiß, was ich bin und was ich kann. Wagemut muss das erst herausfinden.

Man muss Mut wagen, um leben zu lernen.

Beautiful Loser wissen das. Oft einfach instinktiv, nicht aufgrund von Reflexion wie ich heute. Trotz aller Unsicherheit und Widerstände ruhen sie im Kern in sich. Sie kennen sich, sie kennen sich besser, als alle anderen Menschen rundherum sie kennen. Sie wissen, dass sie eines Tages einen Unterschied machen werden für die Welt, in der sie leben. Egal, ob im Großen oder im Kleinen. Und sie verlieren dieses Ziel nicht aus den Augen.

Traditionell wird Mut als mehr als ein bloßes Talent gesehen, eine Tugend sogar. Schon Aristoteles dachte über die Tugenden nach und stellte fest, dass diese die Mitte zwischen zwei Extremen besetzen. So liegt die Freigebigkeit zwischen den beiden Extremen Geiz und Verschwendung, die Sanftmut zwischen Gleichgültigkeit und Jähzorn. Und der Mut? Er liegt zwischen der Feigheit und der Tollkühnheit. Das Maß, das Mut misst, ist also die Furcht, aber wohlgemerkt nicht ihre Abwesenheit. »Mut bedeutet, der Furcht ins Auge sehen, sich von ihr aber nicht überwältigen lassen. Der Mutige lässt sich von seiner Furcht nicht einmal beirren, sondern entscheidet so, wie er es für richtig hält, trotz seiner Furcht – vielleicht sogar gegen sie. Mut heißt in vielen Fällen, gerade das zu tun, was man fürchtet [...] Mut entsteht also nicht da, wo keine Furcht vorhanden ist.« (Egger, 2007, S. 14.) Natürlich zeigt sich mutiges Handeln nicht nur bei körperlicher Gefahr (das Stereotyp das wackeren Recken und Heros), es gibt neben physisch mutigen Menschen auch moralisch mutige, die gegen den Strom schwimmen (Dissidenten oder Whistleblower), oder existenziell mutige, die, wie man sagt, den inneren Schweinehund überwinden, etwa beim Ablegen schädlicher Gewohnheiten, irrationaler Ängste und psychischer Abhängigkeiten. »Dazu gehört zum Beispiel auch die Fähigkeit, andere Menschen zu lieben und sich ihnen hinzugeben, sich selber zu sein, Krisen konstruktiv zu bewältigen und den Glauben an seine Träume und an das Gute nicht zu verlieren.« (Dick, 2010, S.47.)

Die Beispiele der Beautiful Loser zeigen aber noch eines: Nicht wenige finden ihr Glück erst, nachdem sie einen Helfer gefunden haben, einen Unterstützer. Eine bestimmte Begegnung wendet das Blatt, eine Person tritt auf den Plan, die zunächst Sparringspartner, Manager oder Berater ist und dann manchmal auch Freund oder sogar Lebenspartner wird. Beautiful Loser haben das Vermögen, solche Menschen zu finden und deren Support anzunehmen. Ein sehr wichtiger Faktor, wie wir später unter dem Begriff »Co-Pilot« sehen werden.

EIN ZIEMLICH JUNGES PHÄNOMEN

Auch wenn die eben vorgestellten Beautiful Loser sicherlich mit ihren Misserfolgen und Niederlagen gerungen und gelegentlich gehadert haben, so ist es doch fraglich, ob sie alle ihr Geschick als Scheitern empfanden, sogar, ob sie das Wort dafür benutzt hätten.

Wo kommt es her, das Wort »scheitern«? Seinen Ursprung hat es im mittelhochdeutschen Wort für Holzscheit, »scit«. Verwandt sind Begriffe wie »scheiden« oder »Scheitel«, die eine Trennung oder Teilung andeuten, oft auch eine gewaltsame. Schelte (urspr. auch »Scheiter«) entstehen durch Spaltung des Holzes mit einer Axt. »Zu Scheitern gehen« heißt also »in Stücke gehen«. So gebrauchte es dann auch die nautische Sprache. Seeleute und Reeder sprechen vom Scheitern eines Schiffes, wenn es etwa auf einen Felsen oder eine Sandbank läuft, sodass die Planken bersten. »Schiffbruch erleiden« ist daher auch die gebräuchlichste Metapher für das Scheitern. Allein dadurch hat das Wort aber noch nicht seine existenzielle Endgültigkeit. Ein gestrandetes Schiff kann man wieder freibekommen, ein leckgeschlagenes meist wieder reparieren.

Den katastrophalen Beiklang erhielt das Scheitern im Übergang von einem zyklischen zu einem linearen Verständnis der Zeitläufte. Im Mittelalter wurde die Zeit oder das Leben an sich als ein Rad vor- und dargestellt, das »Rad der Fortuna« (Tarr, 2006, S. 32). Aufstieg und Abstieg, Glück und Scheitern waren daher wiederkehrende und sich abwechselnde Phasen in einem immerwährenden Wandel. Und nicht nur das – Glück und Scheitern waren damit nicht Resultat individuellen Erfolgs oder Versagens, sondern der natürliche Weg des Schicksals. Scheitern war nicht das Ergebnis von Unzulänglichkeit oder Fehlern, sondern schlicht eine selbstverständliche Bedingung des Lebens, die dem Zugriff des Individuums entzogen war. Diese Auffassung vom beständigen Wandel in einer kreisenden Bewegung zwischen Auf und Ab, Oben und Unten, Glück und Scheitern ist heute einer linearen und ausschließlich aufwärtsstrebenden Entwicklungsrichtung gewichen. Wenn dieses »Aufwärts, zur Sonne ...« nicht gelingt, ist das zutiefst verstörend und muss einen Grund haben. Und dieser Grund wird da gesucht, wo im Selbstverständnis der Moderne die Quelle alles Wollens und Werdens, Strebens und Könnens liegt: im Menschen selbst, im Individuum. Glück und Scheitern sind nicht mehr Schicksal, sondern Geschick, Ergebnis unserer Talente und Taten (Zahlmann / Scholz, 2005, S. 11). Und damit ist die Schuld in der Welt, der modernen.

Vom Rad der Fortuna zur individuellen Schuld.

Für unsere Umwelt sind wir als Gescheiterte eine Zumutung. Machen Sie ruhig mal die Probe aufs Exempel. Man kann wohl kaum leichter für konsternierte Blicke und Missbehagen sorgen, als indem man auf die Frage »Wie geht es?« mit »Schlecht« antwortet. Probieren Sie es mal aus. Es könnte Ihnen sogar passieren, dass man Ihre Antwort zunächst gar nicht wahrnimmt, so sehr sind wir durch unsere gesellschaftlichen Usancen darauf getrimmt, ein »Danke, gut« zu erwidern bzw. zu hören. Wenn Sie Glück haben, oder was man dafür halten könnte, hört Ihr Gegenüber zwar Ihre Antwort, wird sie aber mit einer Mischung aus Bestürzung und Unbehagen aufnehmen. Wohlgemerkt: Die Bestürzung hat in diesem Fall weniger mit Ihrem unglücklichen Status zu tun als mit der Unhöflichkeit, diese bloße Floskel für mehr zu halten, als sie ist, eine pure Umgangsform, nicht aber eine ernst gemeinte Frage.

Erfolgreich, glücklich, zufrieden, fit und gut gelaunt zu sein, ist Pflicht, Bürgerpflicht. Wer das nicht ist, hat etwas falsch gemacht. Nicht seine Pflicht getan. Ist nicht leistungsfähig oder, noch schlimmer, nicht leistungsbereit. Unglück ist kein Unfall oder Zufall. In einer Welt, in der man davon ausgeht, dass das Leben für jeden glücklich und regelmäßig verläuft, ist Unglück ein Systemfehler, möglicherweise gar eine Charakterschwäche. Geteiltes Leid ist halbes Leid, heißt es zwar. Mag sein. Aber das gilt nicht für persönliches Scheitern. Das gilt nur für alles, was höhere Gewalt ist, Schicksal eben, Katastrophen, Unfälle, schlechtes Wetter usw.

Heute gilt Unglück als Systemfehler.

»Der Erfolg hat viele Väter, der Misserfolg nur einen«, ist ein weiteres Sprichwort und eines, das uns zu des Pudels Kern führt. Daran ist zweierlei richtig. Zum einen die Feststellung, dass man mit seinem Scheitern allein ist. Zum anderen, dass man auch Schuld am Scheitern trägt. Scheitern impliziert ein subjektives Zutun. Die Ehe ist in die Brüche gegangen? Ja, schlimme Sache, dass die Ex mit einem anderen Mann durchgebrannt ist. Aber dann: War man nicht mehr im Büro als zu Hause? Oft wochenlang auf Auslandsreise? Und außerdem zehn Kilo schwerer als zu Beginn der Ehe? Das Renommierprojekt der Firma ist zu einem Debakel geworden? Ja, schlimm, dass die Berechnungen zur Statik fehlerhaft waren. Aber dann: War man eventuell zu ehrgeizig, um unbedingt den großen Auftrag zu erhaschen? Hat man sein Team überfordert? Hat man die Einwände der Mitarbeiter zur Seite gewischt, weil man in der Rivalität mit dem Nebenbuhler um die Abteilungsleitung die Nase vorn haben wollte?

Man trägt auch Schuld am Scheitern.

Subjektives Zutun zur Misere wird gefunden werden, so viel ist sicher. Subjektiv ist aber auch die Enttäuschung der anderen. Man selbst ist für sie zu dieser Enttäuschung geworden. Für die unmittelbar Betroffenen, aber auch für die Umwelt. Was tue ich ihnen nur an? Eine Schande! Das ist einer der Gründe, warum der engste Kreis, Familie, Freunde, Kollegen nicht besonders gut geeignet sind, uns in unserem Scheitern beizustehen. Sie sind schlicht selbst betroffen. Sie leiden mit, unmittelbar als unsere nächsten Familienangehörigen oder engsten Mitarbeiter oder mittelbar, wenn es Freunde, Angestellte und deren Familien, Zulieferer oder Geschäftspartner sind. Sie leiden mit, aber jeder hat sein eigenes Päckchen an unserem Scheitern zu tragen. Sie sind quasi Mitscheiternde. Daher gilt hier nicht, geteiltes Leid ist halbes Leid. Es potenziert sich tatsächlich.

Gescheitert fühlen wir daher vor allem eines: Scham. Nicht Peinlichkeit. Nicht Demütigung. Tiefempfundene Scham. Nicht nur für einen Moment. Nicht nur im Angesicht anderer Menschen. Scham wird zum Dauerzustand. Sie weckt uns nachts aus unseren unruhigen Träumen. Sie lässt uns nicht wieder einschlafen. Sie schaut uns morgens aus dem Spiegel entgegen. Sie macht uns einsilbig und linkisch im Umgang mit anderen. Sie lässt uns sogar jede Gesellschaft meiden.

Scheitern hat viele Dimensionen: eine soziale Dimension, eine emotionale Dimension, manchmal eine physische Dimension, oft eine finanzielle Dimension. Vor allem aber hat Scheitern eine moralische Dimension. Scheitern ist kein bloßes Misslingen, auch wenn viele in der »Scheiter-Literatur« diesem Missverständnis fröhlich und lässig aufsitzen. Scheitern gibt uns ein Gefühl des Versagens. Deshalb empfinden wir Scham dabei. Reflexhaft wird bei jedem Scheitern angenommen, dass es dafür Gründe geben muss. Das tun beide, der Gescheiterte wie auch sein Umfeld. Zunächst sucht man, besonders der Gescheiterte selbst, objektive, äußere Gründe, aber dann rasch auch den persönlichen Fehler. Wir können gar nicht anders. So sind wir von klein auf konditioniert. Übrigens trifft diese ganze dunkle Emotionalität uns umso heftiger, je mehr wir zum Perfektionismus neigen, wie der Psychologieprofessor Joachim Stoeber feststellt (vgl. Pfersdorf, 2015, S. 42). Aus diesem Grunde habe ich am Ende dieses Buches einen Selbsttest zu den inneren Antreibern integriert. So können Sie selbst herausfinden, wie sehr Sie empfänglich sind für den inneren Sturm aus Scham, Schuld, Angst, Ärger und depressiven Stimmungen.

Wer scheitert, fühlt sich als Versager.

Sehr schön beschrieben fand ich die Perfidie der Scham in einem Essay von Elke Schmitter in einer SPIEGEL-Wissen-Ausgabe mit dem Titel »Richtig Scheitern«: »Das Scheitern ist nicht einfach Misslingen, sondern Misslingen mit Scham. Es setzt ein Gefühl des Versagens voraus. Daran ist in unserer Kultur kein Mangel, damit geht das soziale Leben los: mit der Enttäuschung im Gesicht unserer Eltern, wenn wir [...] den guten Gemüsebrei verweigern und das Schwesterchen kneifen. Nicht, wenn wir fallen, obwohl wir gehen wollen – das lernt sich von selbst, ohne Tränen der Wut und ohne Zaghaftigkeit beim nächsten Versuch. Erst wenn wir in der Miene des anderen lesen, dass wir es anders hätten machen müssen, setzt das Gefühl des Versagens ein – ein Modus der Abrichtung, und zwar ein besonders grausamer, weil er die Qual nach innen verlegt: Hättest du das schön und richtig gemacht, dann müsste Mami jetzt nicht traurig sein.« (Schmitter, 2015, S. 18.) Und die Abrichtung geht weiter. Wie schon erwähnt, spielt die Schule hier eine Schlüsselrolle. Spätestens dort begreifen wir den Satz aus Aschenputtels Märchen »Die Guten ins Töpfchen, die Schlechten ins Kröpfchen« in seiner universellen Bedeutung. Unter der Fuchtel des

Leistungsprinzips wird bewertet, kategorisiert und aussortiert, was das Zeug hält. Die Schule, »die Institution für Entwicklung schlechthin [wird] zum Parcours möglichen Scheiterns gemacht.« (Ebd.)

Wie kontraproduktiv diese »Ausweitung der Kampfzone«, so der Titel von Schmitters Essay, gesellschaftlich ist, sei an dieser Stelle nur kurz erwähnt, immerhin ist dies kein Buch über Soziologie. Das Unternehmen Amway hat 2015 in seiner Studie »Angst vor dem Scheitern« dokumentiert, dass in Deutschland heutzutage nur jeder Vierte bereit ist, Selbstständigkeit zu wagen. Dabei beruft sich Deutschland doch ausgerechnet auf seine kleinen und mittelständischen Unternehmen, wenn es um seinen wirtschaftlichen Erfolg seit dem Kriegsende 1945 geht. Woher kommt wohl unsere innovative Kraft und unternehmerische Leistung in Zukunft?

Die Angst vor dem Scheitern ist keine Angst vor Blut und Tränen, sondern vor der Verachtung der anderen – und letztlich auch vor Selbstverachtung. Damit ist sie, wie Professor Heinz Bude feststellt, ein spezielles Problem der Generation der heute 30- bis 40-Jährigen. »Die große Kampagne für ›Selbstverwirklichung‹ hat zum Ideal erhoben, dass ›das Leben auf allen Ebenen erfüllt sein‹ soll« (Bude, 2015, S. 36). Es reicht nicht der berufliche Erfolg, nein, man muss auch ein super Elternteil sein, eine Bilderbuchehe führen, sportlich aktiv und körperlich fit, hip gekleidet, über den letzten Lifestyle-Schrei auf dem Laufenden und außerdem auch noch ein guter (Bio-kaufender, Fairtrade-trinkender und vegan-essender) Mensch sein. All das ist prima, aber es bietet eben auch jede Menge Gelegenheiten zu scheitern. Die wachsende Komplexität unseres Lebens stellt überall Fettnäpfchen auf, an jeder Ecke lauert ein Fehler auf seine Chance und es scheint, als käme unsere vollkaskobewehrte und Wearable-überwachte Existenz mit immer mehr Sollbruchstellen. Entsprechend ist die Reaktion auf das unvermeidliche Scheitern auch eine eher stille. Statt der neurotischen Form sieht die Psychotherapieforschung zunehmend eher die depressive (vgl. ebd.) Da die totale Selbstverwirklichung nicht glückt, rückt die totale Selbstverachtung ein.

Gescheiterte Selbstverwirklichung führt zu Selbstverachtung.

Ich sagte zuvor bereits, dass der Grund für die Scham beim Scheitern ist, dass man Gründe sucht und diese vor allem bei sich findet – oder zu finden glaubt. Heinz Bude weist in diesem Zusammenhang auf etwas Interessantes hin: »Da hat eine gesellschaftliche Wende stattgefunden: weg von den Grenzen dessen, was man darf, hin zu dem, was man kann. In den Schulen werden Kinder nicht mehr über einen Kamm geschert, sondern sollen nach ihren Talenten und Präferenzen gefördert werden. Man soll sein Können in möglichst viele Richtungen mobilisieren, um in den Vollbesitz seiner Möglichkeiten zu gelangen. Daraus ergibt sich aber auch: Wenn man scheitert, dann nicht an den Grenzen, die einem gesetzt werden, sondern an sich selbst.« (Ebd., S. 37.)

DER WAHRE GRUND FÜR DIE ANGST VOR DEM SCHEITERN

Wovon sprechen wir, wenn wir von Scheitern sprechen? Viele Publikationen aus der Riege der aktuellen Scheiter-Literatur sind sehr großzügig mit dem Wort. Da ist schon ein angebranntes Spiegelei oder eine geplatzte Einkaufstüte ein Scheitern. Dem ist nicht so. Das sind Missgeschicke, manche davon sogar bloß unglückliche Zufälle. Mehr nicht. Beim Scheitern wird »Herzblut vergossen«, wie es eine gewissenhaftere Autorin des Genres beschreibt. »Scheitern bringt die Seele in Not und schmerzt mitunter lebenslang«, denn es ist ein Lebensentwurf zerbrochen, eine Brücke abgerissen, ein Kartenhaus eingestürzt oder eine Hoffnung zerplatzt (Tarr, 2006, S. 16). Pleiten und Pannen, Misserfolge und Niederlagen können das Erreichen eines Zieles erschweren, Scheitern aber macht es unmöglich.

Eine Tür schließt sich endgültig.

Damit erklärt sich auch, warum Scheitern so ein großes Thema ist, warum sich für Bücher wie dieses Käufer finden und Zuhörer für meine Vorträge. Als selbstbestimmte, zuversichtliche und nach persönlicher Verwirklichung strebende Individuen haben wir ein Problem damit, wenn sich eine Tür endgültig für uns schließt. Wir sind daran gewöhnt, alle Optionen zu haben. Verschließt sich uns ein Weg, fühlen wir einen Verlust, der all die anderen noch gangbaren Wege vergessen macht.

Die so begründete Angst vor dem Scheitern nimmt natürlich in dem Maße zu, wie wir älter werden. Einen Zwanzigjährigen irritiert ein Studienabbruch naturgemäß weniger als einen Vierzigjährigen eine Kündigung. Das ist natürlich alles auch eine Frage der Zeit, der Lebenszeit, um genau zu sein. Bei jedem Scheitern steht die Frage im Raum: Wie viel Zeit bleibt mir noch, um mein ideales Leben zu leben? Oder deutlicher: Die Angst vor dem Scheitern ist letztlich nichts anderes als die Angst vor dem Tod. Konstantin Wecker drückt das so aus: »Ab einem gewissen Punkt scheitert jeder am Leben, ob man nun ein reiches Leben hatte oder ein armes, ob man glücklich war oder schmerzbeladen, ob man erfüllt war oder frustriert, oberflächlich oder tiefschürfend – wir sind sozusagen von Geburt an zum Scheitern verurteilt. Denn das Leben ist von Anfang an auf den Tod hin ausgerichtet. Er ist seine Erfüllung.« (Wecker, 2007, S. 49.)

AUF EINEN BLICK

- Beautiful Loser sind Menschen, die dem Scheitern mit Würde begegnen und durch alle Krisen hindurch ihren Weg gehen.
- Die besondere Eigenschaft, die alle Beautiful Loser gemein haben, heißt in der Psychologie Resilienz – man kann sie auch einfach »Mut« nennen.
- Gemeint ist der Mut, Neues zu wagen, die eigene Komfortzone zu verlassen.
- Trotz der Erfolge bekannter (ehemaliger) Beautiful Loser ist das Scheitern tabuisiert.

- Einst galt Scheitern als schicksalhaft, in der Moderne wird es jedoch als persönliches Versagen gewertet.
- Unsere Gesellschaft fordert die Selbstverwirklichung des Einzelnen. Gelingt diese nicht, ist (Selbst-)Verachtung die Folge.
- Scheitern bedeutet, dass ein Ziel niemals erreicht werden kann, dass eine Tür sich endgültig schließt. Das zu akzeptieren fällt uns modernen Menschen schwer.
- Letztlich verbirgt sich hinter der Angst vorm Scheitern die Angst vor dem Tod.

Dritter Teil

Welt in SCHERBEN

Totaler Kontrollverlust. Kein Halt mehr. Ein Gefühl des Fallens oder Versinkens. Hilflosigkeit. Sprachlosigkeit. Ich möchte schreien, wage aber nicht, den Mund aufzutun. Ein Gefühl der Taubheit. Ein Gefühl der Gefühllosigkeit. Das Leben passiert. Ich lebe es nicht mehr, es tut sich mir an. Man tut mir etwas an, aber wer?! Alles ist fern, wie in einem Nebel, in Watte gepackt. Unter einer dicken Schneedecke. Nichts erreicht mich mehr, keine Geräusche, keine Berührungen, keine Blicke. Was ist passiert?« Das steht so auf einem meiner Notizzettel vom Jahreswechsel nach dem verlorenen Pitch oder vom frühen Januar des Folgejahres. Genau kann ich es nicht mehr sagen, denn er ist undatiert. Wie so vieles aus der Zeit.

Was war passiert? Faktisch nicht viel. Außer in lebensbedrohlichen Krisen, wie Unfällen, Naturkatastrophen, Krankheit oder Tod, ist die reine Sachlage selten sehr spektakulär. Nach der Absage an unser Konzept für die Euro-Jackpot-Kampagne bin ich vor meine Mitgesellschafter und kurz darauf auch vor meine verbliebenen Mitarbeiter getreten und habe ihnen angekündigt, dass ich Insolvenz anmelden würde. Das war schmerzhaft, aber es forderte deshalb niemand meinen Kopf. Dasselbe galt für mein Gespräch mit den Bankern. Sicherlich war niemand be-

Eine Erinnerung an meine Rennsporterfolge.

geistert. Sicherlich war man bestimmt und konsequent bei der Kassierung meiner Kreditlinie. Aber die Hölle, in der ich mich befand, war meine eigene. Meine emotionale Reaktion auf den Verlust des Unternehmens stieß mich ins Fegefeuer. Die Agentur war mein Baby gewesen. Ich hatte sie erfunden, ihr den Namen gegeben, ihr erstes Logo gezeichnet, ihre Corporate Identity definiert und nicht zuletzt auch immer mich als Frontmann und Galionsfigur in ihren Dienst gestellt, selbst als man mich schon aus dem betrieblichen Tagesgeschäft und der Geschäftsführung suspendiert hatte. Das Vertrauen der Banken war entsprechend ein Vertrauen in meine Person gewesen, der Respekt und das Ansehen bei Kunden, Mitarbeitern, Wettbewerbern abgeleitet von meinem Namen. Die Enttäuschung galt also auch mir.

Was empfindet man da? Scham natürlich. Insbesondere jemand, dessen innerer Antreiber Perfektionismus ist. Ich schämte mich buchstäblich in Grund und Boden. Ich fühlte mich schuldig. Ich konnte nicht leugnen, dass ich mich weit entfernt hatte, um meiner Coachingausbildung nachzugehen. Ich konnte nicht abstreiten, dass ich mich so weit entfremdet hatte, eine neue Gesellschaft zu gründen, die LATTAL. Ich konnte nicht verneinen, dass ich zu dem Zeitpunkt, da ich mich aus der Geschäftsführung zurückzog, schon nicht einverstanden war mit der strategischen Ausrichtung der Company. Ich musste zugeben, dass ich andere Leute hatte machen lassen, was sie für richtig hielten – mit meinem Baby. Es war ein kapitaler Fehler gewesen, alle Gewinne der Firma zu entziehen, um damit Mords-Tantiemen zu zahlen. Ohne Rücklagen war sie wacklig und zu abhängig von den Banken, deren Kredite wir zudem auch noch persönlich besicherten. Es zog sich zudem wie ein roter Faden durch die Geschichte der Agentur, dass wir Berufliches und Privates verquickten. Wir stellten Freunde und Familienmitglieder ein, hatten Liebesbeziehungen untereinander. Als Paartherapeut weiß ich heute natürlich, welch explosive Mischungen da entstehen können. Wir haben ganz sicher zu viel klassische Werbung gemacht, zum Beispiel zu sehr auf Print gesetzt. Verschlafen hatten wir auch den Trend zu Agenturnetzwerken, in denen sich Einzelunternehmen inzwischen immer öfter zusammenschlossen.

Ich musste auch einräumen, dass viele der Fehler, die ich gemacht hatte, nicht einmal geschäftlicher Natur waren. Ich war so viel unterwegs gewesen, um meiner Lust an schnellen Autos zu frönen. Ich hatte dafür eine eigene Firma gegründet, hatte einen ganzen Truck und die Mechaniker-Crew dazu für den Rennsport. Ich war Präsident des Lotus Club Deutschland. Ich hatte es richtig krachen lassen. Jetzt war ich wieder zurück auf Los, aber gänzlich bar jeder Mittel für den Einsatz im Monopoly des Lebens.

Dafür hatte ich etwas anderes – einen Insolvenzverwalter. Der stieg eines trüben Januartages im bodenlangen Kamelhaarmantel aus seinem Porsche Cayenne vor meiner Tür und erklärte mir, dass die Lage gar nicht mal so schlecht sei. Okay, Schlossallee war einstweilen passé, aber es stand auch nicht Gefängnis auf das, was ich verbockt hatte. Die Auftragslage könne reichen, um die Gesellschaft mit drei oder vier Mann im Betrieb zu halten, bis etwa April. Wenn es uns gelänge, das Geschäft zu beleben, könne der Rumpf des Schiffchens gerettet werden und Basis für einen Neuaufbau werden. Zugegeben, das sei ein Versuch, ein regelrechtes Experiment, ohne Erfolgsgarantie, aber sicher die Mühe wert. Natürlich war ich bereit dazu, auch zu den besonderen Bedingungen, die da waren: Es verdienen meine verbliebenen Angestellten, der Insolvenzverwalter bekommt sein Honorar (O-Ton »Von den ersten 100 000 Euro, die wir verdienen, kriege ich 40 000!«), ich verdiene nichts.

Solche Situationen werden üblicherweise so umschrieben: Man lebt von der Substanz. Wenn man sich in seinen fetten Jahren ein schönes Haus geleistet, teure Autos und exklusive Hobbys genossen sowie darüber hinaus Altersrücklagen gebildet hat, müsste da doch ordentlich Speck sein, von dem man in mageren Zeiten zehren könnte, würde man meinen. Tatsächlich ist es verblüffend, wie wenig diese Dinge wert sind, wenn man sie schnell loswerden muss. In meinem Falle reichten die Erlöse aus dem Verkauf meiner Rennwagen und der Auflösung meiner Altersversorgung, um meine Kreditverbindlichkeiten zu tilgen. Schon beim Trinkgeld für die Umzugscrew wurde es eng. Wieder ein Moment der tiefen Scham und der Schuldgefühle.

Aber es lehrte mich wenigstens eins: Nur Bares ist Wahres. Ein Satz, den ich in der Folge zu beherzigen lernte.

Im Frühjahr, als für alle anderen Menschen das Leben wieder aufwärts ging, weil Sonne und Wärme zurückkehrten, die Natur erwachte und alles stürmte und drängte, war es für mich zappenduster. Es war klar, dass auch das »Experiment«, von dem mein Insolvenzverwalter gesprochen hatte, gescheitert war. Ich saß allein in der Agentur und sah zu, wie die Agenturinhalte verwertet wurden. Was nicht in die Insolvenzmasse aufgenommen worden war, wurde von speziellen Verwertern begutachtet, bepreist und abtransportiert. Teure Stahlschränke, edle Thonet- und Le-Corbusier-Möbel fanden ihren Weg in die im Hof parkenden Lastwagen. Was blieb, war meine leere, etwas renovierungsbedürftige private kleine Hölle, von der ich noch die Schilder abmontierte, den Schlüssel bei meinem sehr verständnisvollen und entgegenkommenden Vermieter abgab und nach Hause fuhr. Aber dieses »Zuhause« war eine Zweigstelle der privaten kleinen Hölle. Auch hier musste ich alsbald Offenbarung leisten. Natürlich stellten die Nachbarn fest, dass ich so viel daheim war, meine Praxis von zu Hause führte und dass die teuren Autos weg waren. Schluss war mit Tennis, Schluss war mit Mountainbiking. Fragten anfangs Freunde noch an, wie es mir ginge, ob ich was mit ihnen unternehmen wolle, so ebbte das nach und nach ab, natürlich nicht ohne die übliche halbherzige Schulterklopferei. Irgendwie war ich auch froh, dass bald keiner mehr fragte.

Im Raum stand inzwischen zusätzlich der Verdacht der Insolvenzverschleppung. Es stand ein schwerer Gang bevor, der zur Staatsanwaltschaft. Die für meinen Fall Zuständige traute ihren Augen kaum, als zum angesetzten Termin die Tür aufging und ich da stand – allein! Sie klärte mich darüber auf, dass es üblich sei, zu solchen Anlässen einen Anwalt zur Seite zu haben, und riet mir sehr dazu, mir einen anzuschaffen. Man merkte deutlich, dass auch ihr das persönlich und im eigenen Interesse viel lieber gewesen wäre. Verständlicherweise verhandelt die Staatsanwaltschaft die Sachverhalte ihrer Klientel lieber mit Profis, die die Gepflogenheiten und Terminologie kennen, und vor allem auch die Spielräume. Ich hingegen erzählte ihr einfach die ganze lange Geschichte aus meiner Perspektive. Immerhin war das offensichtlich so eindrucksvoll und überzeugend, dass sie mir so weit entgegenkam, das der Staatsanwaltschaft vorliegende Protokoll meines Insolvenzverwalters für mich zu kopieren, damit ich in der Hand hatte, worum es ging. Ich zog also von dannen mit meinem Scheitern zwischen zwei Aktendeckeln, das nun auch noch strafrechtlich relevant sein sollte, und ihrem wiederholten Rat, mir anwaltliche Beratung zu suchen.

Sie wusste nicht, was ich inzwischen verstanden hatte: Ich war allein. Das ist das Privileg von abhängig Beschäftigten, insbesondere im Staatsdienst. Diese Art von Einsamkeit im Scheitern bleibt ihnen in der Regel erspart.

Ich habe also in Eigenregie und ganz allein den Vorwurf der verschleppten Insolvenz entkräftet. Das allein ist ein kolossaler Erfolg und enormer Kraftakt gewesen, etwas, was man unter anderen Umständen zu seinen großen Leistungen und Höhepunkten des Lebens zählen würde.

Den Sommer dieses Jahres hingegen verbrachte ich im Kokon meiner dunklen Emotionalität, Scham, Schuld, Verzweiflung und Angst. Kein Licht drang durch zu mir. Während andere Menschen den Sommer feierten, kam ich tagelang nicht mehr aus dem Bademantel. Ich grub mich zu Hause ein, ging nicht aus, sprach mit niemandem, bekam nicht mit, was um mich herum passierte. Ich hatte nichts mehr, was mich mit der Umwelt verband oder wenigstens einen gelegentlichen Kontakt mit der Außenwelt zuließ. Keinen Fernseher, kein Radio, keinen Computer oder Internet, kein Telefon, weder Festnetz noch mobil. Das Einzige, was mir die Zeit vertrieb, war meine Musik. Von meiner Highend-Stereoanlage, die in meinem Haus ein eigenes Zimmer bewohnt hatte, war noch ein kläglicher Rest geblieben, über den die Helden meiner Jugend mich in meiner Depression besuchten: Marillion und Pink Floyd. Ein Soundtrack für meine Lebenslage voller Melancholie und Weltschmerz. Stundenlang legte ich auf für mein handverlesenes Publikum, me, myself and I. Das »Büro« suchte ich nur dann auf, wenn ich wirklich

Termine hatte, Paarberatungen oder Therapiesitzungen. Und wenn mein Azubi, den ich aus der insolventen Agentur in die LATTAL Beratungsgesellschaft übernommen hatte, da war. Hatte er Berufsschule, blieb ich im Bett, mummelte mich fest ein gegen das feindliche Leben da draußen, versteckte mich vor den Überbringern weiterer schlechter Nachrichten. Wozu im leeren Büro sitzen und auf Anrufe warten, die ohnehin nicht kamen? Im Zweifel kam nur unangenehme Post, die farbigen Briefe, die persönlich zugestellt werden müssen und gegen Unterschrift. Viele davon gingen zunächst zurück wegen Abwesenheit des Empfängers. Ich fühlte mich wertlos, nutzlos. Ein verschwendetes Leben.

Der einzige Mensch in meinem Leben, meine Lifeline, war Christiane. »Meine Lebensfrau«, wie ich heute sage. Jede andere Dame hätte das Weite gesucht. Aber sie lief nicht weg, sondern fast jeden Abend mit Tüten voller Lebensmittel bei mir auf. Da ich gern und – wie man sagt – auch gut am Herd agiere, bekochte ich sie, um wenigstens ein wenig zurückgeben zu können dafür, dass sie versuchte, mein Leben zu sortieren und wieder auf die Reihe zu bekommen. Mit diesen kurzen Besuchen (als Mutter von zwei Kindern hatte sie noch andere Menschen in ihrem Leben, die ihrer Gesellschaft bedurften) oder gemeinsamen Wochenenden (wenn mein Sohn nicht bei mir war) hielt sie mich ein paar Monate moralisch halbwegs über Wasser. Aber schließlich musste ich auch aus dem Haus raus. Ich zog um in eine Wohnung, die allerdings kaum eine Chance dazu haben sollte, »meine Wohnung« zu werden. Sie war eher ein – zu teurer – Abstellraum für diejenigen meiner Besitztümer, die ich noch nicht zu Geld gemacht hatte.

Zur Einsiedelei kam bald die Askese. Wenn nur noch Bares Wahres ist, es aber daran fehlt, heißt es, konsequent Konsumverzicht zu üben. Wenn man quasi mittellos ist, nur noch sporadisch Geld durch Coachings und die ein oder andere Paarberatung oder Therapiesitzung reinkommt, gibt es eben nur noch preiswerte Lebensmittel, billigen Wein, keine Frisörbesuche, keine neuen Hemden, geschweige denn Anzüge, kein Ausgehen zum Essen oder auch nur auf ein Bier. Es wurde peinlichst genau darauf geachtet, die Kosten zu drücken. Das Licht blieb aus, solange es ging, die Heizung, selbst als es Herbst wurde, ebenso. Wenn keine Klienten da waren, saß ich mit einer Decke um die Beine am Schreibtisch. Monatelang fuhr ich mit einer alten Batterie durch die Gegend, bis der Wagen kaum noch ansprang, weil ich nicht einmal die 90 Euro für eine neue Batterie hatte. Schließlich musste ich sogar die Wochenenden mit Calvin aufgeben, weil ich einfach nicht in der Lage war, ihn adäquat zu versorgen und zu betreuen. Einladungen zu Unternehmungen oder Partys wurden abgesagt, so lange, bis eh keiner mehr fragte und sich mein soziales Leben mangels Kontakt einfach ausschlich.

Dass ich dieses Problem überhaupt noch hatte, statt als gescheiterte Existenz gesellschaftlich geächtet und gemieden zu sein, lag an Christiane. Ich war frisch verliebt, aber doch sah ich nichts rosarot. Christiane aber hatte ein soziales Leben. Für eine Immobilienmaklerin gehört Socialising geradezu zum Handwerk. Meist vermied ich es, sie zu begleiten, aber hin und wieder musste es doch sein. Irgendwie überstand ich diese Show stets, aber es zerrte enorm an meinen Nerven. Selbst private Unternehmungen, die Geld kosteten, waren für mich zweischneidig. Es mag meinem Machismo geschuldet sein oder meiner Gewohnheit aus besseren Zeiten, aber es war für mich furchtbar, dass jede Restaurantrechnung, Ausflüge auf den Weihnachtsmarkt oder ganze Sommerurlaube auf ihre Kosten gingen und sie tatsächlich hin und wieder auch noch meine Privatschatulle auffüllen musste, nachdem ich alles zu Geld gemacht hatte, was irgendwie verkäuflich war.

Ich ging in dieser Zeit dazu über, mir die Paartherapiesitzungen bar bezahlen zu lassen. Regelmäßig trug ich das Geld dann gleich zur Bank und zahlte es ein. Was sich betriebswirtschaftlich wie der reine Irrsinn anhört, hatte schlicht den einen Zweck – die Privatinsolvenz zu vermeiden. Da die LATTAL eine GmbH war und mit meinem Steuerberater einen Mitgesellschafter hatte, der als Treuhänder fungierte, kam ich darum herum, die Hand heben zu müssen. Man kann sich kaum vorstellen, wie sich das anfühlt, zumal wenn Geld bisher im Leben nie ein Problem gewesen ist. Und wie schnell der totale Absturz droht. Tagtäglich gibt es Überraschungen, die jeden anderen höchstens etwas ärgern würden, aber für einen, der gegen die Privatinsolvenz kämpft, Hiobsbotschaften sind. Auf die Dauer führt dieses Leben auf Hochtouren mit enormer nervlicher Belastung und hohen emotionalen Amplituden schlicht zu Verschleiß. Wie ein Motor, der ständig mit zu hoher Umdrehung läuft, irgendwann krepiert, so fühlt man sich elend, krank und gelähmt. Man sieht es mir an auf dem Foto auf dem Buchrücken. Was dem Foto fehlt, ist eine Bildunterschrift. Sie würde wiedergeben, was ich damals dachte, als ich mich so im Spiegel sah, abgemagert, unrasiert, verkatert: Du Penner, schau dich an! So tief bist du gesunken! Das ist aus dem »Menschenfischer« geworden.

War ich früher leutselig und gewinnend aufgetreten, argumentativ stark und eloquent, so konnte ich inzwischen nicht einmal mehr die Konfrontation mit Menschen aushalten, die mir in dieser Hinsicht weit unterlegen waren, geschweige denn die Situation zu meinen Gunsten lenken. Ein Beispiel: Ich wollte einen anderen, günstigeren Handyvertrag abschließen. Die Angestellte im Shop war so hilfsbereit und aufgeschlossen wie nötig, bis es zur Überprüfung meiner Bonität kam. Als diese negativ ausfiel, wurde sie so derart herablassend und abweisend, dass ich schließlich aufgab. Es war meine Co-Pilotin, die schließlich einschritt, und dem frechen Mädel den Kopf zurechtrückte. Ich war nervlich vollkommen am Ende.

Ich erinnere mich auch noch an einen Besuch im Commerzbank-Tower in dieser Zeit. Rein äußerlich unterschied mich nichts vom erfolgreichen Personal der Teppichetage, wie man die Vorstandsetagen im Business-Sprech scherzhaft nennt. Gute Anzüge hatte ich noch aus meiner Schön-und-reich-Zeit. Die Gesten und Floskeln der Managerkaste hatte ich dank jahrelanger Begegnungen mit Vorständen, Geschäftsführern und Kommunikationschefs selbstverständlich drauf. Mein Konzept als Coach war fachlich fundiert und kompetent vorgetragen. Ich überzeugte. Ich beendete den Besuch mit einem Gang auf die

Blick von der Vorstandstoilette der Commerzbank (Foto: Ulrich Mattner).

Herrentoilette. Die allerdings ist sehenswert: hoch über den Dächern von Frankfurt eine Reihe von Pissoirs mit Panoramascheibe bis zum Boden und freifallendem Blick auf den geschäftigen Bahnhof. Aber ich empfand kein Hochgefühl, als ich da vom 49. Stockwerk auf Mainhattan hinunterblickte. Ich spürte, wie schroff der Gegensatz zu dem Leben war, in das ich in einigen Minuten wieder zurückkehren würde. Zu meiner gescheiterten Existenz, in der ich die letzten 50 Euro für die Mietzahlung in bar auf die Bank trug und meinen alten E46 in einer Seitenstraße parkte, damit niemand sah, in was für einer Kutsche der weltläufige Experte für Personalführung und -entwicklung im Maßanzug und rahmengenähten Budapestern zu seinen Appointments anreiste.

Eine ehemalige Lebensgefährtin hat mich mal als Hochstapler bezeichnet. Das war nicht nett und auch nicht zutreffend. Aber eines stimmt: In dieser Phase meines Lebens habe ich tatsächlich ein Doppelleben geführt. Ein kolossal kraftraubendes Unterfangen, physisch wie psychisch. Sich nicht nur irgendwie selbst erhalten zu müssen, sondern zudem noch etwas »verkaufen« zu müssen, eine Dienstleistung, die so wesentlich von einem selbst abhängt wie das Coaching, das ist buchstäblich »die eigene Haut zu Markte tragen«. Ich bin in diesem Jahr, mehr oder weniger, körperlich um wenigstens fünf Jahre gealtert. Wie viel länger ich das ausgehalten hätte, vermag ich nicht zu sagen.

Und was hat sich geändert? Was hat dieses Doppelleben beendet? Ich hatte einen Freund, zu dem ich eine Zeit lang relativ häufig gegangen bin. Er hat ein schönes Herrenausstattungsgeschäft mit feinster Couture im traditionellen englischen Stil, sehr edel, sehr klassisch und auch sehr teuer. Selbst in meinen besten Zeiten habe ich mir seine Anzüge nicht geleistet, aber seine Krawatten und Reverstücher hatten es mir angetan und waren halbwegs bezahlbar. Die Besuche beim Herrenausstatter waren aber regelmäßig erheblich länger, als es der käufliche Erwerb von ein paar Bindern erfordert. Wir tranken zusammen Kaffee und schwätzten ausgiebig. Dieses Geschäft war wunderschön, aber es war auch ein Wunder, dass es noch existierte. Irgendwie war es wie aus der Zeit gefallen mit seinen alten Stoffen und Schnitten, hohen Werten und hohen Preisen. Ob meiner Freude an schöner Konfektion und modischem Auftreten hatte ich nicht wenige Vorschläge parat, wie man dem Laden zu mehr Umsatz verhelfen könnte, aber keine Idee wurde dankbar aufgenommen. Mein Freund hing an seinem Anspruch wie an seinem Leben. Ich konnte auf ihn einreden wie auf eine kranke Kuh, es half nichts. Er wartete darauf, dass seine Zeit schließlich kommen würde. Irgendwann war ich ziemlich entnervt und gab die Besuche auf. Es tat mir leid, aber ich konnte es einfach nicht mehr ertragen. Aber was konnte ich nicht ertragen? Ich ging ein wenig in mich und dann fiel es mir wie Schuppen von den Augen. Ich sah am Beispiel dieses Ladens vor mir, was passiert, wenn nichts passiert. Wenn man seine Misere klar vor Augen hat, aber einfach nichts ändert. Nicht loslässt.

Und ich wurde in dieser Einsicht bestätigt. Christiane war nicht nur meine neue Liebe, sie war viel mehr als das. Sie war meine einzige Unterstützung, finanziell wie moralisch. Sie war die einzige Gesprächspartnerin, die den unerquicklichen Austausch über meine Situation aushielt. Sie war meine Co-Pilotin, quasi der Coach für den Coach. Wäre sie nicht so gut in ihrem Beruf, ich würde ihr glatt eine Ausbildung bei Walter Schwertl empfehlen. Wir haben in dieser Zeit sehr lange Gespräche geführt, über jede Menge unschöne Dinge wie meine zu teure Wohnung, meinen zu hohen Konsum von Alkohol und Beruhigungsmitteln, die Notwendigkeit, endlich hinten hochzukommen und Bewerbungen zu schreiben, über meine Unfähigkeit, mich zu motivieren, Freude zu empfinden, über meine Tendenz zu Schroffheit unter Stress, auch und besonders gegenüber Menschen, die mir Gutes wollen. Gespräche, die sich natürlich auch immer wieder darum drehten, wie mich mein Doppelleben belastete. Es war ja nicht nur der Mangel an Geld, der Mangel an Wertschätzung meiner Person, sondern die Scham, das Verstecken, das Verleugnen. Als ich ihr erzählte, was ich über das Herrenausstattungsgeschäft, das sie auch kannte, dachte, kam trocken von ihr: »Hoffnung ist des Kaufmanns Tod.« Das war's. Hätte sie das über mich gesagt, wäre ich vermutlich tödlich beleidigt gewesen. Stattdessen wurde mir klar, dass ich einen Punkt machen musste hinter das Geschehene. Ich musste etwas ändern. Einen Neustart wagen. Schluss mit dem verschämten Doppelleben. Mich outen. Laut und deutlich sagen, was los war mit mir. Raus aus der Ecke, rein ins Leben. Zurück ins Leben. In ein neues Leben.

Und wie geschah es, das Outing? Zugegeben, ich fing insgeheim und vorsichtig an. Zu Hause in meinem stillen Kämmerlein schrieb ich es nieder, mein Scheitern. Teils in Tagebuchform, teils in Aphorismen, teils in kleinen Vignetten wie zu Beginn dieses Kapitels zitiert. Die Verschriftlichung half mir dabei, klarer zu sehen. Das ist nicht erstaunlich. Um Gedanken in Sprache zu transportieren, müssen wir Ordnung ins Chaos bringen. Sprache ist logisch aufgebaut, wenigstens versuchen wir, sie logisch aufzubauen. Selbst wenn es nur eine scheinbare Logik oder eine unperfekte Argumentation ist, wir suchen stets plausibel und nachvollziehbar zu sein in dem, was wir sagen oder schreiben. Sprache hilft dem Denken aus seiner Unwillkürlichkeit. Sprache ist bewusst und schafft Bewusstsein. Sprache ist Ausdruck des Ich im Verhältnis zum Du, Kommunikation eben. Schon das Niederschreiben, zumal es ja keine L'art pour l'art war, sondern ich entschieden hatte, mein Scheitern schließlich öffentlich zu machen, war der erste Teil meines Outings, mein privates sozusagen.

Ich schrieb aber auch etwas anderes auf Christianes Anregung. Ich listete meine Stärken auf. Ich listete meine Schwächen auf. Ich listete meine besten Entscheidungen auf. Ich listete meine schlechtesten Entscheidungen auf. Ich listete verbliebene Freunde auf. Ich listete verlorene Freunde auf. Ich listete neue Freunde auf. Ich listete Menschen auf, die ich gern zu Freunden hätte. Ich machte eine Liste meiner Träume als junger Kerl. Ich machte eine Liste der Dinge, die ich in meinem Leben noch tun wollte, die berühmte »Bucket List«, die Löffel-Liste. Alles, was ich noch tun möchte, bevor ich den Löffel abgebe.

Ich listete sogar meine schlimmsten Befürchtungen auf. Was kann im Worst Case mit mir passieren? Und was tue ich dann? Das hört sich verrückt an. Aber es stimmt, »Schwarzmalen entspannt« (Kolbusa, 2014, S. 106). Wenigstens, wenn man sich Strategien für den Katastrophenfall zurechtlegt, vorbereitet ist. Denn »Mut erfordert ein Wissen um Gefahren. Im Gegensatz zu anderen risikoreichen Handlungen erfordert der Mut [...] ein Urteil darüber, was in einem bestimmten Moment richtig oder falsch ist« (Dick, 2010, S. 51). Ich gestaltete diese Listen aufwendig, grafisch, fotografisch oder gab ihnen einen schönen Rahmen und platzierte sie prominent. Meine kleine Wohnung wurde quasi eine Collage. Oder eine Landkarte, wie man in der Transaktionsanalyse sagt. Mind-Mapping war schon immer eine meiner bevorzugten Methoden gewesen. Jetzt nutzte ich diese Technik, um meine Scheiter-Map zu zeichnen (Sie finden sie im Anhang dieses Buches). Ich visualisierte mein Scheitern. Übrigens ist auch das eine zutiefst menschliche Vorgehensweise, eine alte Kulturtechnik geradezu. Menschen denken in Bildern, Ausnahmen bestätigen die Regel. Wenn wir jemandem etwas nahebringen wollen, zumal wenn es eine Neuigkeit ist, etwas, was unser Gegenüber nicht kennt oder weiß, greifen wir zu Bildern und Beispielen, um uns verständlich zu machen. Metaphern sind keine bloßen rhetorischen Figuren, sondern elementare Vehikel der Kommunikation. Schauen wir uns nur mal die Überschriften der ersten Kapitel an: »Brutal gescheitert« ist eine Metapher, wir haben sofort eine blutige Nase vor dem inneren Auge, »Beautiful Loser« ist sogar ein Paradoxon, »Welt in Scherben« auch ein Bild. Wenn der Mensch also in Bildern denkt, helfen sie ihm offensichtlich bei kognitiven und intellektuellen Prozessen. Da mein Scheitern ein ziemlich komplexer Prozess war, wurde eben ein ziemlich großes Bild daraus. Fast sprengte es den Rahmen meiner kleinen Wohnung.

Und dann sagte ich es zum ersten Mal: »Mein Name ist Felix Maria Arnet und ich bin brutal gescheitert.« Ich sagte es in der Stille meiner Wohnung. Ich sagte es vor dem Spiegel im Bad und beobachtete mich dabei. Und wie durch ein Wunder ging die Welt nicht unter. Ich sagte es in die Stille einer Nacht auf dem Balkon, Christiane neben mir. Das Attribut »brutal« ist übrigens nicht nur so dahergesagt. Ich empfand mein Scheitern körperlich. Ich fühlte mich, als hätte ich Gewalt erlebt. Vollkommen zerschlagen und gerädert. Brutal aufgeschlagen. Gescheitert. In Stücke zerlegt.

Ich sagte es schließlich am Telefon zu der Angestellten der Arbeitsagentur, bei der ich den untauglichen Versuch unternahm, ALG II zu beantragen. Der Antrag umfasste 70 Seiten und als ich ihn endlich ausgefüllt hatte, schneite unverhofft in meinem Büro ein Auftrag über 1500 Euro rein. Den hätte die Arbeitsagentur gegengerechnet und am Ende wäre quasi nichts ausgezahlt worden. Ich habe es dann nie wieder versucht.

Das nächste Mal sagte ich den Satz auf einer Veranstaltung der GSA (German Speakers Association). Inzwischen war in mir der Entschluss gereift, dass ich mein Scheitern zu meinem Thema machen wollte, als Vortragsredner. Mein Scheitern und das Phänomen Scheitern per se sowie den Umgang mit diesem Tabu in unserer Zeit und unserer Gesellschaft.

Für die Zugfahrt zum Ort der Tagung hatte ich mir mal wieder Geld leihen müssen. Ich war unbeschreiblich nervös. Aber mein Entschluss stand fest. Heute würde es passieren.

WIE VERÄNDERT UNS UNSER SCHEITERN?

Wenn unsere Welt zerbricht ... So wird oft ein Scheitern umschrieben. Tatsächlich zerbricht in den meisten Fällen nicht wirklich etwas, Unfälle oder Naturereignisse ausgenommen. Wie so oft, wenn wir ein sprachliches Bild benutzen, eine Metapher, so tun wir das, um ein Gefühl auszudrücken. Scheitern ist in seiner katastrophalen Form eben das, vor allem das: ein Gefühl. Damit ist allerdings nicht gesagt, dass es deshalb weniger schlimm sei, im Gegenteil. Die Hölle des Scheiterns, das sind zuallererst wir selbst.

Die Hölle des Scheiterns sind wir selbst.

Die wohl wesentlichste äußerliche Veränderung, die wir im Scheitern spüren, ist Einsamkeit. Scheitern ist wie eine leere Stadt: keiner mehr da. Nicht faktisch, natürlich sind all die anderen Menschen in unserem Leben nicht schlagartig weg. Aber doch sind wir allein. Scheitern macht einsam, weil es quasi unteilbar ist. Hart wie ein Diamant. Monolithisch. Ein kolossaler Solitär. Gescheitert können wir so sicher sein wie nie, dass keiner mit uns tauschen will. Scheitern ist zudem auch nicht mitteilbar, nicht vermittelbar. Unser Scheitern ist so individuell wie unsere DNA. Selbst beim besten Willen kann es niemandem gelingen, sich in unsere Situation zu versetzen, in unseren Schuhen zu gehen. Scheitern gehört zu den großen existenziellen Erfahrungen wie Geburt, Tod, Schmerz, Liebe. Nicht in Worte zu fassen. Ein Mysterium. Unnahbar.

Im Scheitern werden wir zudem extrem emotional. Selbst die Nüchternsten unter uns werden gefühlig, selbst die Rationalsten abergläubisch, selbst die Coolsten dünnhäutig. Scheitern ist ein Kontrollverlust. Auf diese Form des Ausgeliefertseins sind wir in unserer relativ sicheren, kalkulierbaren und weitestgehend vorausgeplanten Existenz nicht gefasst. Wir erleben uns in der Krise als nur eingeschränkt handlungsfähig und sind überwältigt von einem Gefühl absoluter Hilflosigkeit. Es ist etwas Unvorstellbares passiert, etwas, womit wir nie gerechnet hätten, wenigstens nicht damit, dass es uns passiert, anderen vielleicht schon. Wir stehen buchstäblich unter Schock. (Vgl. Pieper, 2012.)

Scheitern ist ein Kontrollverlust.

Wir haben vergessen, dass das Leben eine lebensgefährliche Angelegenheit ist und damit nichts für Feiglinge. Wer sich als erwachsenes, verantwortungsvolles und selbstbestimmtes Individuum versteht, reagiert in der Situation, da ihm das Heft aus der Hand fällt (oder genommen wird), fast ausschließlich mit Gefühlen, Herz über Kopf sozusagen. Und der Bauch über beidem. Wut, Angst, Eifersucht, Neid, Scham, Verzweiflung, das gesamte Spektrum unserer dunklen Emotionalität. Diese Emotionen sind es, die tatsächlich unsere Krise sind, nicht die krisenhafte Zuspitzung unserer Realität. »Nicht Ereignisse oder

Probleme machen [uns] fertig, sondern [unsere] emotionalen Reaktionen [darauf].« (Baum, 2010, S. 38.)

Die wenigsten von uns haben gelernt, mit solchen Emotionen umzugehen, wohl aber, sie zu ignorieren oder zu unterdrücken. Entsprechend greifen wir in Krisen einerseits zu einem Trick, den Experten »hedonistische Verzerrung« nennen: Wir negieren diese Gefühle, drängen sie zurück in einer pervertierten Form von Stressbewältigung. Wir geben anderen die Schuld für Fehler, werden aggressiv, hochmütig, verbohrt. Wir arbeiten umso mehr, sofern wir noch die Möglichkeit haben zu arbeiten, oder verwenden mehr Zeit auf Arbeit, um genau zu sein. Morgens als Erster ins Büro, abends als Letzter raus. Unsere Arbeit nehmen wir auch mit nach Hause, lesen noch vor dem Lichtausmachen Berichte, sprechen nur noch und dauernd von unserem Beruf. Andererseits geschieht Unterdrückung der unguten Emotionalität durch alle Arten von Betäubungsmitteln, Uppers wie Downers, Alkohol, Schafmittel, Psychopharmaka. Übrigens ist das kein Entweder-oder. In den meisten Fällen teilen sich beide Phänomene das Regime über uns und unseren Verstand.

Es ist schon kurios: Während, wie zuvor dargestellt, die größten Erfindungen auf Scheitern fußen und die schönsten Werke in Kunst und Kultur den Charme des Scheiterns zum Thema haben, leiden wir so sehr daran, wenn es uns selbst betrifft. Ein kleiner Exkurs zu diesem Gedanken: Es gibt wohl kaum jemanden, den die Geschichte der Tania Blixen in »Jenseits von Afrika« kaltlässt. Dabei ist sie alles andere als eine Erfolgsstory, im Gegenteil. Diese Frau scheitert ausnahmslos in allem, Ehe, Liebe, Freundschaft, Geschäft, Finanzen. Dennoch wird der Film verehrt und ist auch mehrfach ausgezeichnet worden. Wieso können wir Scheitern da schön finden und an uns selbst nicht? In einer der letzten Szenen des Films sitzt die bankrotte Baronin inmitten ihrer Umzugskisten in dem inzwischen leer geräumten Haus und isst ihr frugales Abendmahl. Ihr Geliebter kommt dazu, um ihr anzubieten, sie selbst zu ihrer Abfahrt in ihre Heimat Dänemark nach Mombasa zu fliegen. Sie nimmt freudig an. Auf seine Frage, wie sie das alles erträgt, antwortet Tania Blixen ihm: »Wenn ich denke, dass es nun am schlimmsten ist und ich nicht mehr weiterkann, dann mache ich die Situation in Gedanken noch ein klein wenig schlimmer. Und dann weiß ich, dass ich alles ertragen kann.« Und sie bittet ihn, ein letztes Mal mit ihr zu tanzen.

Dass wir in Kunst und Kultur das Scheitern feiern, hat nichts mit den Gescheiterten zu tun, ganz im Gegenteil. Indem man das Scheitern thematisiert, eröffnet man »Symbolische Handlungsspielräume für noch nicht gescheiterte Menschen. [...] Die Kultur erzeugt die Fiktion der Überlebbarkeit von Scheitern – oder weist ihr zumindest eine ästhetische Überhöhung zu – um die lähmende Angst vor dem Versagen zu verdrängen. [...] Zugleich übernimmt jede kulturelle Thematisierung des Scheiterns eine informierende und normierende Funktion: Man kann am Leben anderer Menschen stellvertretend die Ursachen und biographischen Konsequenzen des Scheiterns nachvollziehen.« (Zahlmann / Scholz, 2005, S. 15.)

Unsere dunkle Emotionalität lässt uns nicht nur besonders an der Krise leiden, sie ist auch ein Hindernis für das, was wir in dieser Situation zur Schadensbegrenzung eigentlich benötigen: Risikokompetenz. Dieser Terminus bezeichnet in der Psychologie die Fähigkeit, zwischen tatsächlichen und scheinbaren Gefahren zu unterscheiden. Diese Fähigkeit geht uns ausgerechnet dann völlig ab, wenn wir sie am nötigsten brauchen, in der Krise. Es ist inzwischen wissenschaftlich belegt, dass wir in schwierigen Situationen eher emotionsgeleitet sind als vom Großhirn gesteuert. (Vgl. Pieper, 2012.)

Was wir eigentlich brauchen, ist Risikokompetenz.

Die Risikokompetenz hat übrigens eine große Schwester, die Krisenkompetenz. Das ist die Fähigkeit, in einer kritischen Situation mit einem angemessenen Verhalten zu reagieren. Ich schreibe deshalb »große Schwester«, weil Krisenkompetenz quasi ein gewisses Training voraussetzt. Da man selten mehrfach hintereinander in dieselbe krisenhafte Situation gerät und so nur wenig auf eigene Erfahrungen bauen kann, sollten wir versuchen, von Menschen zu lernen, die solche Situationen erlebt haben. Wenn wir uns damit beschäftigen, wie andere in einer bedrohlichen Situation agiert haben, stärkt das unser Vertrauen in unsere eigenen Bewältigungsmechanismen und versorgt uns mit einem Set aus Handwerkszeug für den Ernstfall. (Vgl. ebd.) Aber, wohlgemerkt: Das setzt auch voraus, dass wir von unserer Vollkaskomentalität abrücken und in unsere Weltanschauung aufnehmen, dass Nackenschläge dazugehören, ja, dass wir sie erwarten und sogar antizipieren. Das ist kein kleiner Schritt.

Wie ich zuvor sagte: Herz über Kopf und über allem der Bauch. Wenn wir scheitern, agieren wir voller Emotionen und panisch. Alles auf einmal, alles viel zu schnell, zwar mit sehr viel Rücksicht auf die Menschen, die wir lieben, vor allem auf ihr Bild von uns, aber mit sehr wenig Rücksicht auf das, was die Situation erfordert. Letztlich sind wir dabei unehrlich, mit uns selbst und anderen. Starrsinnig halten wir am Status quo fest, entwickeln einen destruktiven Fatalismus, Selbstmitleid geht eine unheilvolle Paarung ein mit falschem Stolz, beinahe Hochmut. Wir sind unterwegs auf Autopilot. Die üblichen Vorgänge, abgespult nach einem Programm, das für den Normalbetrieb designt ist, aber im Ausnahmefall zu Fehlentscheidungen führt. Warum?

Wir tun instinktiv das Falsche.

Zum einen haben wir Angst vor der Reaktion der Mitreisenden, wenn wir sie bitten, sich zu setzen und die Sicherheitsgurte anzulegen, weil die Reise ungemütlich wird. Wir brauchen ihre Zuversicht und ihr Vertrauen in uns. Wir wünschen uns nichts mehr als ihr Glück und können nicht ertragen, dass wir diejenigen sind, die es trüben könnten. Zum anderen haben wir selbst Angst. Es liegen schwere Entscheidungen vor uns, wir könnten Fehler machen, eine Bruchlandung erleben, alles verlieren. Wir wollen ihn nicht ausrufen, den Notfall. Wir wollen nicht wahrhaben, nicht eingestehen, dass wir in gefährlichen Turbulenzen sind.

Dabei sind wir doch eigentlich in der Lage, die Situation in den Griff zu bekommen, noch! Wir sind erfahren genug in der Bedienung dieser Maschine, die unser Leben ist, um sie halbwegs ordentlich heimzubringen. Wir haben den Verstand dazu und auch die Ausbildung. Dennoch reagieren wir nicht sachbezogen und problemorientiert, sondern emotional und kopflos.

DREI PHASEN DES SCHEITERNS

Die drei Phasen des Scheiterns sind Ablehnung, Verzweiflung und Akzeptanz. Sie werden nicht immer so idealtypisch aufeinanderfolgen, oft gibt es ein Hin und Her, ein Vor und Zurück, besonders zwischen Phase 2 und 3, aber im Grundsatz sind diese drei Stadien zu unterscheiden.

Die erste Phase kennzeichnet Ablehnung. Die Krise wird einfach nicht als Krise anerkannt. Es zieht uns unbedingt zur Normalität, die wir verloren haben, zurück. Alltagsverhalten, business as usual, die kleinsten Gewohnheitsdinge oder Pflichten, die man sonst lästig fand, werden jetzt enorm wichtig und erfordern die ganze Aufmerksamkeit. Schließlich sind sie eine erstklassige Ablenkung. Wir suggerieren unserer Umwelt, dass alles gut, alles beim Alten ist. Die schlechten Gefühle, die hin und wieder dabei aufsteigen, betäuben wir mit Alkohol und / oder mit Medikamenten zum Schlafen und zum Wachwerden. Denn die ständige Schauspielerei kostet enorme Kraft. Je länger die Phase der Ablehnung dauert, desto mehr werden wir reizbar und unwirsch, ungerecht gegenüber anderen, verprellen die Menschen in unserem Umfeld mit Arroganz und Unzugänglichkeit.

Dann knallt es. Die zweite Phase ist dominiert von Verzweiflung und Depression. Der Kontrollverlust wird offensichtlich. Hilflosigkeits- und Ohnmachtsgefühle haben uns fest im Griff. Wir kriechen zu Kreuze bei den Menschen, die wir zuvor belogen haben. Wir suchen Trost in Erinnerungen an bessere Zeiten und der Rückkehr an Orte, an denen wir glücklich waren. Wir meiden die Konfrontation mit Menschen, die Zeugen und eventuell lachende Dritte im Angesicht unseres Scheiterns sind. Alles passiert uns nur noch, das heißt, die Geschichte nimmt ihren Lauf, ohne dass wir noch Einfluss darauf haben, geschweige denn nehmen wollen. Wir funktionieren nur noch, aber wenn wir unbeobachtet sind, lassen wir uns gehen. Die letzte Demütigung besteht darin, dass man nicht einmal Herr im eigenen Haus ist. Wie in meinem Fall, als die Firma von einem Insolvenzverwalter ausgesaugt wurde und leer zurückblieb. Man funktioniert, wo man muss, teilweise sogar sehr erfolgreich, aber zwischendurch gibt man sich der dunklen Emotionalität ganz hin. Symbol der totalen Selbstaufgabe: das Leben im Bademantel.

Dann knallt es – die Phase der Verzweiflung.

In der dritten Phase stellt sich sozusagen die Gretchenfrage: Akzeptieren wir unser Scheitern oder gehen wir daran zugrunde? Allerdings ist der Übergang in diese Phase kein plötzlicher so wie der zwischen Phase 1 und 2, wenn es schlicht die Katastrophe ist, die dem Scheiternden den Takt vorgibt. In Phase 3 richtet sich allmählich ein Modus Vivendi ein, der zumindest für eine gewisse Zeit, eine Übergangszeit, erträglich ist. Dieses neue Leben mag in jeder Hinsicht kleiner und bescheidener sein als das vor der Krise, doch wesentlich ist dabei: Dieses Downsizing ist kein bloßer Verzicht, keine Rückkehr zu Bescheidenheit. Es ist vielmehr etwas ganz Gewaltiges: die Rückeroberung der Kontrolle. Das ist der wesentliche Aspekt, der über Wohl und Wehe entscheidet. Wer es vermag, sich Stück für Stück die Kontrolle zurückzuerobern und sich dessen auch bewusst zu sein, wird die Krise überleben können. Eine gute Prognose hat, wer an sich beobachtet, wie sich wieder ein Sinn für Humor einstellt, auch wenn es nur Galgenhumor ist. Wer in der Lage ist, eine gesunde Distanz zu sich selbst zu etablieren, sich quasi selbst zu beobachten. Dieser »Helikopterblick« ermöglicht es, zu analysieren, was geschehen ist, wo man steht und wie es weitergehen kann. Kurz: Man akzeptiert sein Scheitern, nimmt es an und macht sich damit auf den Weg. »Hallo, ich bin Felix, Single und pleite.« Radikal. Mehr Akzeptanz geht nicht. Ein buchstäblicher Flirt mit dem Scheitern.

Es gilt, dabei eines zu unterstreichen: Landläufig sagt man, in Krisensituationen müsse man kämpfen, sich durchkämpfen oder herauskämpfen. Das ist ein fatales Missverständnis. Der Kampf gegen die Situation verhindert Erkenntnis, verschleudert die ohnehin schon stark beanspruchten Kräfte weiter und führt immer weiter in die Depression. Wer kämpft, schläft schlecht, isst schlecht, trinkt zu viel Alkohol, findet keine Entspannung, empfindet für nichts mehr

Dankbarkeit oder Freude, sieht nichts Schönes mehr im Leben, erkennt keine Hilfe und kann sie entsprechend nicht annehmen, kann nicht zwischen Freund und Feind unterscheiden. Kampf ist Krampf. Kampf ist Emotion pur. Wer die Situation hingegen radikal akzeptiert, gewinnt seine Rationalität zurück. Der Kopf ist wieder da, wo er hingehört, über Herz und sowieso über Bauch. Es werden Kräfte frei. Es entsteht Raum für gute Ideen, wie es weitergehen kann. Man hat wieder erste, wenn auch oft kleine Erfolgserlebnisse. Das Heft liegt wieder in unserer Hand, wir steuern wieder selbst die Maschine, die unser Leben ist. Es mögen weniger Mitreisende in der Kabine sitzen, aber die haben sich immerhin vertrauensvoll dafür entschieden, mit diesem Bruchpiloten zu fliegen.

Radikale Akzeptanz macht den Kopf frei.

Wie gelingt diese enorme Selbstmobilisierung, die Akzeptanz darstellt? Mit Fantasie, mit Träumen. Sie finden, dass sei ein Widerspruch? Irrtum. Fantasie ist ein intellektueller Prozess, das heißt stark verstandesgetrieben. Fantasie involviert sicher auch Gefühle, aber vor allem ist sie eine Form von Kreativität und damit von Lösungsfindung. Fantasie und Träume entwerfen ein Bild von einer möglichen Zukunft. Mehr noch: einen Plan. Es geht um die berühmte »Bucket List«, die Löffel-Liste mit den Dingen, die man noch tun möchte in seinem Leben. Sie ist möglicherweise etwas bescheidener als früher, aber nicht weniger anziehend und sinnstiftend.

Die Rückgewinnung von Kontrolle ist wichtig, das haben wir schon festgestellt. Doch sie ist insbesondere gegenüber den Zeugen unseres Scheiterns wichtig. Viele träumen in dieser Phase davon, woanders ganz neu anzufangen. Was sich verlockend anhört, ist aber eine Flucht, kein Neuanfang. Vor allem verleitet das Verlassen des Orts des Geschehens, des Scheiterns, dazu, sich um ein konsequentes Outing zu drücken. »Ich bin pleite.« Unverblümt, ungeschönt. Nicht bankrott, insolvent oder Ähnliches, was abstrakt oder technisch klingt. Nicht »Pech gehabt«, man sei »hintergangen worden«, »Naivität und Gutgläubigkeit habe den tiefen Fall verursacht« usw. All diese »Ja, ich habe einen Fehler gemacht, aber«-Apologien, zu denen der Mensch neigt, helfen nicht weiter.

Das ungeschönte Benennen unserer Realität ist keine Petitesse. Erinnern Sie sich, was ich über die Erwartungshaltung gesagt habe, die hinter der Frage »Wie geht es?« steht? Unsere Umwelt verträgt es gar nicht gut, wenn wir ihre Erwartung enttäuschen, im Leben sei immer Friede, Freude, Eierkuchen. Wir riskieren enorm viel, wenn wir uns derart außerhalb der Gesellschaft stellen. Aber um unsere Krise zu überwinden, ist das sehr hilfreich. Es mag zunächst schmerzhaft sein, sich derart ungeschminkt vorzustellen, sich komplett zu entblößen und exponieren, aber es ermöglicht, sich schneller vom Geschehenen zu lösen und voranzukommen. Wir erobern uns schlicht unsere Handlungsfähigkeit zurück.

Das ungeschönte Benennen der Realität bringt uns weiter.

Stellen Sie sich vor, ich hätte Christiane über meine Situation im Unklaren gelassen oder sogar ein bisschen geschwindelt. Ich hätte Legenden erfinden, Haken schlagen, ein Theaterspiel inszenieren müssen, das mich letztlich als traurigen Clown auf der Bühne zurückgelassen hätte. Mit meiner unverblümten Offenheit blieb ich aber Herr des Geschehens, mag es auch eher tragisch sein. Netz und doppelten Boden braucht nur der Possen reißende Gaukler.

Auch macht das Benennen des Schrecklichen es mit jedem Mal, da man es erneut ausspricht, weniger schrecklich. Es gehört nicht nur zu unserer Realität. Für einen gewissen, oft auch langen Zeitraum ist es sogar unsere Normalität. Wir müssen damit leben lernen. Mehr noch: Es ist in unserem eigenen Interesse, an dieser akuten Situation unsere Krisenkompetenz zu schulen. Wenn wir verstanden haben, dass das Leben eine gefährliche Angelegenheit ist und es weitere Nackenschläge geben wird, dann sind wir gut damit beraten, in der aktuellen Krise unseren Werkzeugkasten für Katastrophen zu komplettieren. Das geht aber nur, wenn wir klar sehen und klar benennen, womit wir es zu tun haben.

Wie lohnend das ist, will ich Ihnen übrigens nicht verschweigen: Ich möchte nicht mehr mit dem Mann tauschen, der ich mal gewesen bin. Okay, bis auf den Lotus. Den hätte ich schon gern wieder. Aber einen, nicht fünfzehn! Ich weiß nun, wer ich bin. Und ich bin, was ich immer sein wollte. Das Leben ist schön!

FÜNF MAXIMEN FÜR DEN NOTFALL

Natürlich ist jedes Scheitern individuell verschieden. Dennoch bietet sich für jeden Fall folgendes Notfallprogramm an. Es besteht aus fünf einfachen Maximen und eignet sich für jeden Scheiternden, unabhängig davon, ob er oder sie etwas von Resilienz weiß oder tatsächlich persönliches Wachstum anstrebt. Dieses Programm wirkt immer. Es erleichtert, gibt Richtung, Selbstvertrauen und Kraft. Ob Sie darüber hinaus mehr daraus machen, bleibt Ihnen selbst überlassen.

Dieses Programm wirkt immer.

Ärgern Sie sich nicht, dass ich Sie nicht bereits vor zig Seiten darauf aufmerksam gemacht habe, dass hier die Quintessenz dieser vielen Seiten liegt. Ich glaube nicht, dass Sie sich bisher gelangweilt haben. Aber erinnern Sie sich daran, die folgenden Absätze zurate zu ziehen, wenn Ihnen das Leben das nächste Mal Zitronen schickt.

Das Notfallprogramm für die Krise lässt sich kurz und knapp zusammenfassen:

1. Machen Sie einen Punkt!
2. Suchen Sie sich einen Co-Piloten!
3. Üben Sie den Helikopterblick!
4. Denken Sie positiv!
5. Belohnen Sie sich!

1. Maxime: Machen Sie einen Punkt!

Was geschehen ist, ist geschehen. Es kann nicht mehr rückgängig gemacht werden. Es ist und bleibt in der Welt. Daher sollten Sie keinerlei Energie mehr darauf verwenden. Nicht hadern, nicht hassen, nicht hetzen. Kein »Wenn ich doch nur ...«, kein »Wie hab ich das verdient?«, kein »Wem hab ich das zu verdanken?«. Sie würden die Antworten ohnehin nicht mögen, denn regelmäßig führen sie an just einen einzigen Punkt zurück: zu Ihnen.

Hätte, hätte, Fahrradkette ... solche Grübelei ist eine rein emotionale Reaktion, wo tatsächlich rationale Herangehensweise nottut. Sie verlängert die Krise, verschlimmert sie möglicherweise sogar. Besonders wenn es nachts geschieht, zwischen einem unruhigen Traum und dem nächsten. Das Unterbewusstsein trägt ohnehin bereits seine eigenen Gefechte mit unserem Scheitern aus, zum Beispiel in Albträumen. Das sollte man keinesfalls noch verstärken.

Grübelei verlängert die Krise nur.

Wie schon gesagt, es ist unbedingt notwendig, dass Ihr Kopf wieder die Oberhand über Ihr Herz und Ihren Bauch gewinnt. Der einzige Weg, eine Krise zu begrenzen und zu beenden, führt über die Rückkehr zur Rationalität. Wenn Sie sich von Ihrem Partner getrennt haben und über die Aufteilung von Hab und Gut, Verkauf von gemeinsamem Zugewinn (Häuser, Autos, Grundstücke, etc.), Unterhaltszahlungen und dergleichen auseinandersetzen müssen, tun Sie das auf keinen Fall, indem Sie in Ihrem Gegenüber noch das geliebte

Wesen sehen, das er oder sie einst für Sie gewesen ist. Treten Sie diese Verhandlungen an wie ein geschäftliches Gespräch. Fair und höflich, mit offenem Visier, ohne versteckte Agenda, mit nachvollziehbaren und vernünftigen Argumenten. Gefühle haben hier nichts verloren. Im Interesse beider Seiten. Dasselbe gilt für jede andere krisenhafte Situation: die Entlassung von Mitarbeitern nach einem Konkurs, die Verhandlung mit Ihrem Banker bei Überschuldung, das Gespräch mit Ihren Chef wegen Ihrer schweren Erkrankung. Kopf über Herz und Bauch! Haben Sie keine Angst davor. Es ist die Angst, die diese Situation für Sie so furchtbar macht, nicht die Situation selbst. »Ich bin nicht meine Angst«, muss Ihr Mantra werden (Kolbusa, 2014, S. 105). »Ich bin in einer misslichen Lage, aber ich habe das Zeug und auch den Mut dazu, ihr zu begegnen. Meine Niederlage hat mir nichts von dem genommen, was ich bin, weiß oder kann. Es gibt keinen Grund zur Panik. Alles ist wie vorher, nur schlechter, leider. Dies aber kann ich ändern.« (Ebd.)

Tatsächlich gibt es Kraft, wenn man sich bewusst macht, dass auch für Krisen gilt: Alles hat ein Ende. Das erleichtert enorm. Allerdings müssen Sie aktiv einen Punkt setzen. Es reicht nicht, was landläufig behauptet wird: Das Leben geht weiter. Nein, dieses alte Leben geht nicht weiter und sollte es auch nicht. Aber dafür beginnt ein neues Leben. Sie stehen wieder auf Los, wenngleich ohne die Belohnung oder die Starthilfe von 4000 Mark. Das Spiel ist dennoch Monopoly, denn Sie sind der Boss, es liegt ganz allein an Ihnen, was wird. Warten Sie nicht darauf, dass Ihnen jemand die Würfel reicht und sagt: »Du bist dran.« Sie selbst müssen beginnen. Neu beginnen.

Kommen Sie raus mit der Sprache. Ihr Scheitern braucht ein Outing. Sie müssen raus aus Ihrer Einsamkeit, raus aus Ihrer dunklen Höhle aus Emotionen. In diesem Falle gilt nicht: »Die Hölle, das sind die anderen.« Die Hölle, das sind Sie selbst! Es ist Zeit, Ballast abzuwerfen, zum Beispiel indem Sie das luxuriöse Auto, dessen Leasingraten drücken, durch ein einfacheres ersetzen. Oder indem Sie die teure Sportausrüstung verkaufen oder in eine kleinere Wohnung ziehen. Es kann auch darum gehen, den Geburtstag der Ex aus dem Kalender zu streichen, sie schon gar nicht anzurufen und keine Karte zu schicken. Zurückgelassene Möbel abholen (lassen). Das gemeinsame Haus zum Verkauf ausschreiben. Schon atmet man leichter. Man tut aktiv etwas zur Entspannung der Situation – und es tut auch gar nicht so sehr weh, wie man zuvor geglaubt hat.

2. Maxime: Suchen Sie sich einen Co-Piloten!

Nun heißt es: »Co-Pilot gesucht!« Das bedeutet, dass Sie einen Helfer rekrutieren müssen. Allerdings nicht irgendeinen. In der Regel stehen in Krisen ja ohnehin schon genug Helfer bereit, oft professionelle wie zum Beispiel Ärzte, Anwälte oder Insolvenzverwalter. Zudem sind da die Menschen, die Ihnen per se am nächsten sind, Partner, Familie, Freunde. Achtung: Keiner dieser Menschen ist qualifiziert, Ihr Co-Pilot zu sein!

Warum? Sie sind allesamt von Ihrem Scheitern betroffen. Sie sind Partei. Sie brauchen aber einen unbeteiligten, unbestechlichen Dritten, der weiß, dass Scheitern zum Leben gehört, davor keine Angst hat, es idealerweise sogar selbst erlebt hat und daran gewachsen ist. Er muss empathisch sein, ohne mitzuleiden. Er muss engagiert sein, ohne Sie über die Maßen zu beeinflussen. Er muss Ihnen vertrauen. Sie müssen ihm vertrauen. Sie beide sitzen gemeinsam im Cockpit. Wohin Sie Ihre Reise führt, dahin geht auch er/sie mit. Er/sie mag Sie beraten, aber die Entscheidungen treffen Sie. Er/sie mag nicht am Steuer sitzen, aber für Navigation und technische Überwachung ist immer der Co-Pilot zuständig. Schon an der Beschreibung dieses Jobprofils ist leicht zu erkennen: Kandidaten für diese Aufgabe begegnet man nicht mal eben an der Ecke. Wie also finden Sie Ihren Co-Piloten?

Sie brauchen einen unbeteiligten, unbestechlichen Dritten.

Die Kandidaten werden sich zu erkennen geben. Durch die Art und Weise, wie sie auf Ihr offenes Sprechen über Ihr Scheitern reagieren. Schon allein deshalb gilt: Raus mit der Sprache! Egal, wo Sie mit anderen Menschen ins Gespräch kommen, versuchen Sie, nicht dem Impuls nachzugeben, sich und Ihre Situation zu verschleiern. Natürlich meine ich damit keine kurzen Kontakte an der Supermarktkasse oder Tankstelle, wohl aber alle Begegnungen, bei denen die Gespräche nicht an der Oberfläche bleiben und auch ausreichend Zeit ist, sich auszutauschen: beim oder nach dem Sport mit einem Mitspieler, auf einer längeren Reise mit einem Sitznachbarn, beim Klassentreffen mit einem alten Kumpel. Wer sich nicht peinlich berührt abwendet, könnte geeignet sein. Wer konstruktiv gegen- und / oder nachfragt, hat Interesse. Wer von eigenem Scheitern spricht, hat Kompetenz. Wer Ihnen etwas sagt, was Sie von den professionellen Helfern und / oder den Menschen in Ihrem persönlichen Umfeld noch nicht gehört haben, hat etwas mehr verstanden. Ziehen Sie ihn oder sie in die engere Wahl.

Dann fragen Sie sich selbst: Vertraue ich ihm / ihr? Mehr noch: Mag ich diese Person? Mag ich sie genug, um über einen mittel- bis langfristigen Zeitraum mit ihr zusammenzuarbeiten, ggf. sogar regelmäßig? Würde ich sie auch noch mögen, wenn ich Unangenehmes von ihr zu hören bekäme oder ihr Peinliches erzählen müsste? Gibt es No-go-Areas, die ich mit ihr nicht betreten möchte? Gibt es potenzielle Interessenkonflikte? Gar Rivalitäten? Abweichende Lebensanschauungen? Glaubensfragen? Gibt es irgendwie anders geartete Gründe, warum diese Person nicht in Ihrem Cockpit Platz nehmen sollte?

Wenn alle diese Fragen geklärt sind und der Kandidat noch im Rennen ist, werden Sie Ihr eigener Headhunter. Machen Sie ihn / sie mit dem Konzept des Co-Piloten vertraut. Und das wäre? Der Begriff ist wohlüberlegt gewählt. Diese Person muss sich trauen, sich mit Ihnen ins Cockpit zu setzen, Ihnen aber trotz Ihres Scheiterns das Steuer weiterhin zu überlassen. Jemand ohne Angst, aber auch ohne Illusionen. Jemand, der nicht von Ihrem individuellen Scheitern betroffen ist, aber weiß, dass Scheitern eben passiert, und dadurch nicht in Panik gerät. Wichtigste Kompetenz dieses Co-Piloten ist, dass er oder sie sich von Ihnen kein X für ein U vormachen lässt.

Jemand ohne Angst, aber auch ohne Illusionen.

Das bedeutet für Ihre Zusammenarbeit zweierlei: Zum einen muss der Co-Pilot die gleichen Informationen wie Sie über Ziel und Route des Fluges haben. Sie müssen all Ihre Entscheidungen mit dem Co-Piloten besprechen und diese auch von ihm bestätigen lassen. Zum anderen steigt der Co-Pilot mit Ihnen in das Vehikel und begibt sich damit in eine Schicksalsgemeinschaft mit Ihnen. Das setzt viel voraus, vor allem aber gegenseitiges Vertrauen und ein gerüttelt Maß an Verantwortungsbewusstsein auf beiden Seiten. Der Co-Pilot hilft Ihnen dabei, Ihre Stärken zu definieren und einen Entwurf für die Zukunft zu entwickeln.

Ihr Co-Pilot kann ein Coach sein oder ein Therapeut, ein neuer Lebenspartner, ein erfahrener älterer Kollege oder ein ehemaliger Geschäftspartner. Es kann ein Mentor oder Business Angel sein, der Sie begleitet. Es kann ein Seelenverwandter sein, den man zufällig kennenlernt, weil man nebeneinander im Zug sitzt, am Flughafen wartet, im Internet Speed-Schach spielt. Es kann ein alter Freund sein, der lange verloren war, aber gerade deshalb jetzt hilfreich ist, weil diese Person nicht weiß, wie Sie vor und in Ihrem Scheitern waren, aber dafür sieht, was Sie jetzt sind. Eine alte Liebe, ein alter Schulfreund, ein alter Geschäftskontakt. In jedem Fall muss es jemand sein mit einer positiven, affirmativen Aura, der Ihnen aber keine Versprechungen macht.

Wichtig ist: Die Beratung mit dem Co-Piloten ist keine Konkurrenzveranstaltung zu den professionellen Konsultationen, die Ihre Situation mit sich bringen mag. Sie brauchen keine Zweitmeinung zu einer Diagnose oder eine andere juristische Einschätzung Ihrer Situation. Nicht noch eine! Sie brauchen jemanden, der Ihnen eine auf Grundlage fundierter Überlegung, erklecklicher Lebenserfahrung und gesunden Menschenverstands Entscheidungshilfen anbietet. Um im Bild zu bleiben: Ihr Co-Pilot soll nicht die Angaben der Flugkarte oder die Ansagen der Fluglotsen in Zweifel ziehen und korrigieren, sondern gemeinsam mit Ihnen eine Route festlegen.

Alles Weitere der Zusammenarbeit im Cockpit ist Ihrem Geschmack überlassen. Ob es regelmäßige Routinen der Absprache gibt, also fixe Termine für Gespräche, oder ob nach Bedarf abgestimmt wird, können Sie entscheiden, ebenso ob Sie Vereinbarungen schriftlich festhalten oder Manöverkritik oder Nachlese im Nachgang von Schritten durchführen.

Jetzt liegt es am Kandidaten: Will er Ihr Co-Pilot sein? Natürlich bricht man das nicht übers Knie. Die Bitte um Bedenkzeit ist in Ordnung. Sollte es aber dauern mit einer Rückmeldung, der Kandidat eventuell sogar auf Nachfrage ausweichend werden, verabschieden Sie sich von diesem Plan. Sie haben nicht die Zeit dafür. Suchen Sie weiter. Es mag dauern, bis Sie Ihren Co-Piloten finden. Geben Sie aber nicht auf. Bleiben Sie offen und achtsam. Es lohnt sich.

3. Maxime: Üben Sie den Helikopterblick!

Die dritte Maxime bleibt logisch und prozessual ganz nah bei der zweiten, hat diese aber nicht als Voraussetzung. Sie können den Helikopterblick auch ohne Co-Piloten üben. Besser ist es natürlich, wenn Sie dabei einen Co-Piloten haben.

Sie müssen nämlich tatsächlich in die Kanzel und ab in die Höhe. Perspektivwechsel sind in jeder Situation eine gute Idee, das gilt umso mehr für Krisen. Doch anders als bei der Unterscheidung zwischen Frosch- und Vogelperspektive, wo es im Wesentlichen darum geht, einen Blick aus übergeordneter oder untergeordneter Position zu riskieren, geht es hier um eine Perspektive losgelöst von Ihrer aktuellen Situation und Ihnen persönlich auf die Landschaft, über die Sie sich erheben. Eine Landschaft aus Ihrer Vergangenheit und Gegenwart und damit auch die Landschaft Ihres Scheiterns. Eine Landschaft mit Ihrer Zukunft am Horizont.

Den Helikopterblick zu üben bedeutet, für gewisse Zeit in Distanz zu sich selbst zu treten und zu erleben, was man da sieht, und zwar ganz Erstaunliches!

Ein Blick auf die Landschaft Ihres Scheiterns.

In der Krise brauchen Sie einen Überblick, so schmerzlich und entmutigend dieser sein mag. Verschaffen Sie sich, vorzugsweise gemeinsam mit Ihrem Co-Piloten, einen Blick von oben, ganz abgehoben von Ihrer Situation, auf die Szenerie Ihres Scheiterns. Folgende Fragen sind zu klären: Wo stehe ich? Wohin könnte meine Reise von hier aus gehen? Welche Ziele sind realistisch? Welche Wege muss ich dafür hinter mich bringen? Was sind die Etappenziele? Erstellen Sie einen einfachen, überschaubaren Plan über die nächsten Schritte.

Gewöhnen Sie sich für den Zeitraum im Helikopteraufstieg an, was viele Psychologen eigentlich für ein Zeichen einer labilen Persönlichkeit halten: das Sprechen über sich selbst in der dritten Person Singular. Erzählen Sie Ihre Geschichte, als würden Sie über eine andere Person sprechen oder einen Film oder ein Buch beschreiben. Tun Sie dies in einem möglichst sachlichen Stil ohne große Spannungsbögen, dafür aber gern mit allen Details, die Ihnen in den Sinn kommen. Erzählen Sie, um ein möglichst lückenloses Bild von der Landschaft Ihres Lebens widerzugeben. Weder sollen Schamzonen weiße Flecken auf der Landkarte lassen noch Komfortzonen den Maßstab verzerren. Üben Sie diesen Helikopterblick, so oft Sie können.

Beschreiben Sie die Landschaft auch nicht nur streng von West nach Ost oder von Nord nach Süd, sprich: nicht nur in chronologischer Reihenfolge. Ihre Erzählung kann sich ruhig auch mal um bestimmte topografische Höhepunkte drehen, zum Beispiel um besonders schöne Erlebnisse, schlimme Erfahrungen, eindrucksvolle Begegnungen, gefährliche Situationen usw. All das hilft Ihnen, die Landschaft, die Ihr Leben bisher als Relief in die blinde Oberfläche gegraben hat, genau wahrzunehmen und zu erkennen. Das ist übrigens keine L'art pour l'art, keine Trockenübung, geschweige denn psychologische Methode. Es geht darum, zusammenzutragen, wer und was Einfluss auf Ihr Scheitern hatte und wo die Auswege aus der Krise liegen.

Zeichnen Sie eine Karte dessen, was Sie aus der Helikopterperspektive gesehen haben. Auch hier gilt: Je mehr Karten und je vielfältiger, desto besser. Neben einer Karte der zeitlichen Abfolge, also Ihrer Lebensgeschichte, kann eine Karte der Beziehungsgeflechte liegen, auch eine der Liebesgeschichten, daneben eine der Faktoren, die bei Ihrem Scheitern eine Rolle gespielt haben, ergänzt von einer Karte Ihrer Lebensentwürfe, gefolgt von einer Ihrer Talente, komplettiert von einer Ihrer größten Ängste usw. Und bitte: Zeichnen Sie! Keine Ausflüchte! Kein »Ich bin nicht künstlerisch begabt«, kein »Mir fehlt die kreative Ader«. Ein kleines Scribble kann jeder. Es geht um den Prozess, nicht das Ergebnis. Denn Kreativität ist keine Kunst. »Kreativität ist Fantasie, und Fantasie hat jeder.« (Arden, 2010, S. 121.)

Wenn all das vor Ihnen liegt, haben Sie die Grundlage für ein sehr, sehr wichtiges Dokument: Ihre Scheiter-Map. Komisches Wort? Stimmt. Das hat aber einen guten Grund. Im kognitiven Training und auch in der Transaktionsanalyse gibt es eine Methode, die sich Mind-Mapping nennt. Zu Deutsch: eine Karte der Gedanken oder des Gedächtnisses. Ähnlich gehen wir hier vor. Natürlich geht es in erster Linie darum, Fakten festzuhalten und Strukturen nachzuforschen. Aber Mapping kann noch mehr: Mittels der Erstellung dieser Karten setzen Sie mentale Prozesse in Gang, die dabei helfen, neue Einsichten zu gewinnen und Verbindungen herzustellen, die Erklärungen für Ihr Scheitern und, was fast noch wichtiger ist, Hinweise für gute und gangbare Wege in die Zukunft geben können.

Ich schreibe hier bewusst »können«, denn diese Methodik steht und fällt natürlich mit der Offenheit des Kartenerstellers und der Gewieftheit des Kartenlesers. Da beides eine individuelle Sache ist und über die Zeit in unterschiedlichem Maße vorhanden, empfiehlt es sich, diese Scheiter-Map immer mal wieder zu überprüfen. Hier dürfen Sie sich ruhig fühlen wie die Entdecker der frühen Neuzeit, wie Columbus, Magellan oder Velázquez. Jeder Irrtum führt der Wahrheit näher.

Erstellen Sie Ihre Scheiter-Map!

4. Maxime: Denken Sie positiv!

Positiv denken? Ich höre Sie schon seufzen: »Wie kolossal originell!« Doch, es ist originell, wenn man diese zugegebenermaßen überstrapazierte Floskel richtig versteht. Positiv denken bedeutet nicht, mit der rosaroten Brille durch die Gegend zu laufen, sich Illusionen hinzugeben oder anderen Menschen mit übertriebenem Optimismus oder gar Euphorie auf die Nerven zu gehen. Positiv denken bedeutet denken mit dem Ziel eines positiven Ausgangs. Und das ist etwas ganz anderes als die rosarote Brille! Positives Denken ist eine strategische Entscheidung. Sie ist nicht zu verwechseln mit bloßer Hoffnung.

Maxime 1 ist natürlich unbedingte Voraussetzung für Maxime 4. Sie müssen einen Punkt gemacht haben und den Blick nach vorn richten, nur nach vorn. Es gilt, negative Gedanken zu meiden. In der Krise brauchen Sie all Ihre Kraft. Negatives raubt Ihnen diese. Sie brauchen jetzt viel mehr Antrieb als in Ihren besten Erfolgszeiten.

Üben Sie sich in Gedankenhygiene. Die grübelnde Rückschau ist genauso abträglich wie angstvolle Blicke in eine ungewisse Zukunft. Wenn Sie immer über den negativen Ausgang nachdenken, tun Sie unbewusst alles dafür, dass es tatsächlich so übel kommt, wie Sie es vorhersehen. Die berühmte selbsterfüllende Prophezeiung. Denken Sie nur an Positives – und das ständig. Aber Achtung! Damit sind keine mentalen Scheuklappen gemeint. Positives Denken geht einher mit penibler Analyse, realistischer Chancenabwägung, schneller Entscheidung, präziser Planung und beherzter, zügiger Umsetzung. Positives Denken ist nicht »Alles geht!«, sondern »Da geht noch was!«.

Denken Sie an alles, was Sie zum positiven Ausgang Ihrer Geschichte brauchen. Visualisieren Sie es. Verschriftlichen Sie es. Und tun Sie es. Managen Sie jetzt Ihr größtes Projekt: den Weg aus der Krise. Sie werden in der Rückschau merken, dass Sie noch niemals so hart gearbeitet haben, so gebrannt haben, wie beim Neustart Ihres Lebens. Für Glück und Erfolg muss man hart ackern, ja, aber das gilt umso mehr, wenn Glück und Erfolg ausbleiben. Der Unterschied: Das Glück, für das Sie sich in der Krise so eingesetzt haben, ist das größte. Es ist keinem Schicksal geschuldet, sondern Ihnen selbst. Dieses Selbstbewusstsein kann Ihnen kein anderer geben.

Managen Sie jetzt Ihr größtes Projekt.

Ein Tipp: Schreiben Sie Ihre drei wichtigsten Talente oder Stärken auf, in Schönschrift und auf feinstem Papier, und bewahren Sie sie an einem Ort auf, wo Sie sie so oft wie möglich im Tagesverlauf sehen. So gibt Ihr Unterbewusstsein Ihnen einen positiven Schub. Die Macht der Suggestion, auch der Autosuggestion, kann man gar nicht überschätzen. Der Untertitel von Paul Ardens Buch »Es kommt nicht darauf an, wer du bist, sondern wer du sein willst« lautet »Das erfolgreichste Buch der Welt«. Das Buch ist damit Programm für das, was Arden meint. Natürlich ist das eine steile These. Das erfolgreichste Buch der Welt zu sein, da hat wohl so manch anderes bessere Chancen, die Bibel, der Koran, »Der Herr der Ringe«, »Der kleine Prinz«, »Der Name der Rose« oder »Harry Potter«. Aber allein die Behauptung, die Suggestion, lässt Menschen zu Ardens Buch greifen. Das erfolgreichste Buch der Welt, das will doch jeder gelesen haben – zumal es auch noch so angenehm schlank ist.

Schreiben oder malen Sie viele dieser autosuggestiven Tableaus. So schaffen Sie etwas, was in der Scheiter-Situation, da niemand an Sie glaubt, ganz elementar ist: Selbstermutigung durch den »inneren Dialog« (Schoenaker, 2012, S. 202). Das ist nichts anderes als das verpönte Selbstgespräch. Peinlich, angeblich, ist es doch sehr mächtig. Egal, ob das Gespräch in der Ich- oder Du-Form stattfindet, ob generell, um eine Grundstimmung zu ändern, oder situativ, um bestimmte Situationen zu meistern, ob nur aufgeschrieben, sogar illustriert oder laut gesprochen, der innere Dialog revidiert unser persönliches Mut-Programm (vgl. ebd., S. 213ff.).

5. Maxime: Belohnen Sie sich!

Wetten, diese Maxime wird Ihr Liebling? Jedenfalls war sie immer meiner, in meinem persönlichen Scheitern. Doch Vorsicht, gemeint ist Belohnung, nicht Exzess. Erntedank, nicht Fastenbrechen.

Jeder kleine Fortschritt sollte gefeiert werden. So kommt das positive Denken ganz von allein. In der Krise vollbringen Sie ständig erheblich größere Leistungen als in Ihren großartigen, erfolgreichen, glanzvollen Tagen. Also feiern Sie sich, wenn es etwas zu feiern gibt. Gönnen Sie sich etwas Schönes und genießen Sie es ohne schlechtes Gewissen. Sie mögen gescheitert sein, aber das liegt hinter Ihnen.

Feiern Sie jeden kleinen Fortschritt.

Qualität geht hier unbedingt vor Quantität. Es muss kein Luxus sein, sondern ein Erlebnis, das Sie und Ihre Aufmerksamkeit so vollkommen fordert, dass Sie keinen Gedanken mehr an Ihr Scheitern verschwenden können. Wenn Sie zum Beispiel schön essen gehen wollen, dann nicht in Ihr teures Lieblingsrestaurant aus alten Zeiten. Da werden Sie nur an Ihr vergangenes Leben erinnert, eventuell sogar von anderen Leuten erkannt, mit der Folge, dass man kommentiert: »Na, es scheint ja schon wieder ganz gut zu gehen!« Probieren Sie lieber einen Geheimtipp aus.

Hüten Sie sich vor Exzessen, nach denen Sie am nächsten Tag mit schwerem Kopf oder schlechtem Gewissen (oder beidem) aufwachen oder gar mit wirklich existenziellen Problemen. Ein oder zwei Gläser von dem guten Roten sind erlaubt, ein oder zwei Flaschen nicht. Ein Zigarrchen in Ehren? Okay. Aber kaufen Sie nur eine statt eine ganze Schachtel. Ein Wochenende am See? Gern. Aber im Hotel Garni, nicht im Grandhotel.

Die besten Belohnungen sind übrigens die, an die zunächst keiner denkt. Ein Spaziergang um einen einsamen See. Kalligrafie lernen. Oder Modellbau. Das verlangt so viel Akribie, dass man gar nicht anders kann, als selig abzutauchen. Oder wie wär's mit einer Patenschaft im Tierheim, um eine der armen Seelen dort regelmäßig zu besuchen und zu versorgen? Oder ehrenamtlich im Krankenhaus Kindern Geschichten vorlesen? Mehr Balsam für die Seele geht nicht. Auch nicht mehr Demut. So viel Qualität war noch nie in Ihrem Leben, versprochen! Und nebenbei lernen Sie eines: Achtsamkeit. Ein ganz wichtiges Korrektiv, zu dem wir in Folge noch kommen werden.

AUF EINEN BLICK

- Scheitern wird als Kontrollverlust erlebt. Dunkle Emotionalität lähmt den Gescheiterten, dabei wären eigentlich Risiko- und Krisenkompetenz vonnöten.
- Drei Phasen des Scheiterns lassen sich unterscheiden: Ablehnung, Verzweiflung, Akzeptanz. Die Akzeptanz ist der erste Schritt zur Bewältigung der Krise.
- Das Notfallprogramm für die Krise umfasst fünf Schritte:
  1. Machen Sie einen Punkt! Akzeptieren Sie, was geschehen ist, und richten Sie den Blick nach vorn.
  2. Suchen Sie sich einen Co-Piloten! Eine Person, der Sie vertrauen, die aber selbst nicht von der Krise betroffen ist, kann Ihnen helfen, die richtige Route einzuschlagen.
  3. Üben Sie den Helikopterblick! Betrachten Sie Ihre Situation aus einer distanzierten Perspektive, um die Landschaft Ihres Scheiterns zu überblicken und neue Wege zu finden.
  4. Denken Sie positiv! Das heißt nicht, dass Sie eine rosarote Brille aufsetzen sollten. Gemeint ist vielmehr ein Denken mit dem Ziel eines positiven Ausgangs.
  5. Belohnen Sie sich! Feiern Sie schon kleine Fortschritte. Es muss kein Luxus sein. Besser ist ein Erlebnis, dass es Ihnen erlaubt, eine Weile nicht an Ihr Scheitern zu denken.

Vierter Teil

Wage MUT!

Mein Name ist Felix Maria Arnet und ich bin gescheitert.« Man hätte eine Stecknadel fallen hören können. Meine Knie zitterten und mein Herz schlug mir bis zum Halse. Ich hörte das Blut in meinen Adern rauschen. Zum ersten Mal seit Langem hatte ich wieder Angst. Ich holte tief Luft und setzte nach: »Brutal gescheitert.« Mein Kopf war leer. Dabei hatte ich mir auf der Anreise im Zug alles so fein zurechtgelegt. Der Vortrag war in den vorangegangenen Wochen penibel vorbereitet, mehrfach geprobt und sogar auf die Minute gestoppt worden. Die Redezeit überziehen ist schließlich unhöflich und unprofessionell. Und höflich und professionell ist ein Felix Maria Arnet unbedingt! Ein Felix Maria Arnet? Die Lösung für meinen Blackout stand mir plötzlich vor Augen. Nimm die Helikopterperspektive ein und erzähl die Geschichte in der dritten Person, wie ein distanzierter Beobachter oder ein Co-Pilot. Sag nicht »ich«, sondern »er«. Und ich hob an: »Es war einmal ein junger Mann ...« Ich erzählte diese Geschichte eines Gescheiterten, ich erzählte dann auch die von einem anderen jungen Mann mit viel Erfahrung im Scheitern, mit seiner Erfindung in der Hand, einer Glühlampe. Ich präsentierte eine Colaflasche und das Scheitern, das sie eigentlich bedeutete. Ich erklärte schließlich auch, warum ich meinen Koffer ohne Griff nicht wegwerfe, sondern wie einen Schatz hüte. Und es war gut.

Wieder zu Hause, was nicht mehr meine kleine Wohnung war, denn ich war, um die Kosten zu minimieren, inzwischen bei Christiane eingezogen, sprudelte es nur so aus mir heraus. All die Euphorie über den gelungenen ersten Vortrag, aber auch die Fragen und Reaktionen bei der anschließenden Diskussion mit meinen Zuhörern. Zwei Dinge kristallisierten sich heraus: Zum einen wollte das Publikum konkrete Hilfestellung für den Weg aus einer Krise. Zum anderen wollten meine Zuhörer mehr über mich persönlich wissen. Ersteres fand ich nicht allzu problematisch. Schließlich hatte ich durch die Erfahrung mit meinem Scheitern und mein Fachwissen als Therapeut und Personalentwickler eine ganze Menge handfestes Werkzeug für den Krisenfall parat, das ich nur noch strukturieren und in präsentable Form bringen musste, quasi ein Survival Kit für die Krise. Der zweite Wunsch des Publikums hingegen war nicht ganz so sehr ein Klacks.

Dass ein Outing notwendig und richtig ist, stand außer Frage, aber wie weit treibt man es damit? Was sagt man und was nicht? Welchen Ton schlägt man an? Welche Haltung nimmt man ein? Immerhin gab es inzwischen auf dem Speaker-Markt eine ganze Reihe von Gescheiterten, die ihre Narben zur Schau stellten oder ihr Scheitern als eine bloße Vorstufe des Erfolgs verkauften. Da gab es allerlei Posen. Von tiefster Zerknirschung über fromme Läuterung bis hin zu leichtfüßigem »Was uns nicht tötet, macht uns bloß härter«. Ein bunter Bogen spannte sich von verheul-

Der Koffer ohne Griff wurde zum festen Bestandteil meiner Vorträge.

ter Gesellschaftskritik bis zu delirierendem (und dilettierendem) Tschakka-Voodoo. Wo war da mein Platz? Und wollte ich den überhaupt? Immerhin gab es da ja noch meine Arbeit. Wie reagieren Auftraggeber auf einen Berater, der selbst schon mal nicht so gut beraten war, untertrieben gesagt? Darauf hatte ich keine Antwort.

Es gibt in diesem Land allerdings für alles Spezialisten und Agenturen, so auch für Speaker. Ich klapperte eine Reihe davon ab. Bei einigen stimmte schon die Chemie nicht. Bei anderen schon, aber dort kam das Thema Scheitern nicht an. Kein Thema fürs Business, hieß es. Die Leute wollen lernen, wie man verkauft, wie man Vertrieb organisiert, wie man erfolgreich ist und Geld scheffelt. Aber scheitern? Wer will das wissen?

Ich war ratlos und entmutigt. Gab es wirklich kein Publikum für das, was ich mitzuteilen hatte? Die Euphorie des ersten Vortragserfolgs war längst vergessen, da stieß ich auf die sogenannten »Fuck-up-Nights«. Das sind Happenings, oft, aber nicht nur im Dunstkreis von Universitäten oder Business Schools, dem Nährboden für junge Entrepreneure und Start-ups, wo gescheiterte Unternehmer von ihren Niederlagen erzählen, ihren »Fuck-ups« eben. Launig geht es da zu, es wird erstaunlich viel gelacht, über die Fuck-ups, aber auch mit den tapferen Losern, die sich outen und ihrem Scheitern stellen. Allerdings geht es bei diesen Abenden nicht nur darum, die Beautiful Loser aus dem Schatten treten zu lassen. Das sind keine reinen »Diskurse der Gescheitern« (Zahlmann / Scholz, 2005, S. 264). Das Publikum will mehr, es will etwas lernen. Häufig sind das selbst Leute, die eine Unternehmensgründung vor sich haben und wissen wollen, wo Fallen lauern. Oder es sind Gescheiterte, die raus wollen aus der Einsamkeit ihrer privaten kleinen Hölle, und endlich mal wieder lachen können – und sei es über sich selbst. Hier war er, der Beweis, dass Scheitern ein Thema ist, das Leute hinter dem Ofen hervorlocken kann. Mehr noch: Von den Fuck-up-Nights führte der Weg schnell zu den »Anonymen Insolvenzlern«, die der ebenfalls gescheiterte Unternehmer Attila von Unruh ins Leben gerufen hatte. Der Name ist Programm. Es geht um eine Selbsthilfegruppe für Bankrotteure, genauso wild durcheinandergewürfelt wie die der »Anonymen Alkoholiker«. Alle nennen nur ihre Vornamen, sind aber dennoch bereit, ihr Elend miteinander zu teilen. Hier sitzt der geschasste Vorstandsvorsitzende neben der Ex-Primaballerina, das vergessene Filmsternchen neben dem arbeitsunfähigen Handwerker. »General Public« würden die Spezialisten von Speaker-Agenturen sagen. Das wollte ich auch, ein breites Publikum, keine Außendienstlerkonvente oder Vertriebsschulungen. Wo war mein Sparringspartner dafür, die Agentur, die mich entsprechend vermitteln konnte? Ich suchte weiter, aber es wurde immer frustrierender. Selbst Agenturen, die von sich behaupteten, Speaker für die großen Events unter Vertrag zu haben, für Kongresshallen und Sportarenen, wurden bei meinem Thema einsilbig. Was ich inzwischen in meiner immer umfangreicher werdenden Bibliothek über das Scheitern gelesen hatte, bestätigte sich auf ganzer Linie: Es ist und bleibt tabu!

Also zurück in mein Doppelleben? Die Aussicht darauf war mir unerträglich. Aber der Mensch will leben. Um zu leben, muss er essen. Um zu essen, muss er heute nicht mehr jagen oder sammeln, aber … Kartoffeln schälen zum Beispiel. Eine monotone Tätigkeit, die aber, wenigstens wenn man es gut machen will, ganze Konzentration erfordert. Und da ich Kochen liebe und es gut machen will, stand ich eines Abends da und meditierte über den zu schälenden Knollen vor mich hin. Plötzlich stand es mir vor Augen: Dann mach es eben selbst! Schaff dir selbst dein Publikum! Und wie? Selbst Veranstaltungen machen! Allein oder mit anderen Speakern gemeinsam. In einem außergewöhnlichen, schicken Format, das sich deutlich abhebt von klassischen Business-Vorträgen, aber auch nicht Volkshochschule ist … eine Art Club, Salon oder Lesezirkel. Lesen! Das überhaupt ist es … ein

Buch muss her. Aber keine »selbsttherapeutische Nabelschau«, wie eine Agenturdame mir mal hingeworfen hatte, sondern ein praktischer und konkreter Ratgeber, leicht und amüsant, aufbauend und motivierend für jedermann. Und da waren sie, gleich zwei Optionen, die ich in die Erprobung schicken konnte, meine zwei neuen Babys, der »Philosophische Club Speech« und mein erstes Buch. Ich gestehe, vor lauter Aufregung war die Kartoffelschälerei dann eher nebensächlich. Was wir an diesem Abend auf den Tellern hatten, waren keine ebenmäßig rundlich parierten Beilagen, sondern eher skulptural anmutende Gebilde. »Niki de Saint Phalle lässt grüßen«, war der Kommentar bei Tische. Ich wurde entschuldigt, als ich von meinen neuen Plänen berichtete.

Die Pläne waren also da, aber noch immer war mir meine Positionierung nicht klar. Was würde mein USP, meine Unique Selling Proposition sein? Die einzigartige Note, die nur ich hatte, die mich abhob, eben »unique« machte? Wie kann man kompetent und glaubwürdig über das Scheitern sprechen, ohne entweder in die Opferrolle zu rutschen oder arrogant zu klingen? Beides konnte ich mir als Berater und Coach absolut nicht leisten. Ich musste auf Augenhöhe bleiben für meine Klienten. Vertrauenswürdig. Up to par. Einer aus ihrer Peergroup, einer von ihresgleichen. Wieder einmal hatte wohl der Tüchtige in mir Glück. Ich akquirierte einen neuen Coaching-Auftrag. Der neue Klient war eine harte Nuss, zunächst jedenfalls. Bewaffnet bis zu den Zähnen mit dem gesamten Arsenal des Alphatieres. Gutaussehend, teuer gekleidet, fette Uhr am Handgelenk, polyglott und redegewandt, egal welches Thema ich anschnitt, ein Sport-Ass und zudem belesen, blütenreiner Lebenslauf und noch strahlendere Karriere … und dann bricht er in einer unserer Coachingsitzungen buchstäblich vor mir zusammen. Der Rest ist aus Diskretionsgründen kein Stoff für dieses Buch. Diese Sitzung zeigte mir, dass das Scheitern tatsächlich allgegenwärtig ist, selbst da, wo Erfolg auf der Visitenkarte steht, mit der Muttermilch eingesogen wurde und Lebensprinzip ist. The only way is up, oder? Der Mann hatte einfach panische Angst. Ich konnte ihm helfen. Ich konnte helfen, weil ich wusste, wovon er spricht. Ich wusste sogar noch mehr: wie man diese Angst überlebt. Wie das? Natürlich war das nicht gerade trivial. Aber zunächst einmal bin ich selbst das beste Beispiel für den Charme des Scheiterns. Wenn ich als erfolgreicher Coach unaufgeregt und offen über mein Scheitern als Unternehmer spreche, sorgt das für Glaubwürdigkeit und entspannt die Atmosphäre. Man muss dem Thema zunächst einfach mal das Skandalöse nehmen. Daran erinnern, dass Scheitern eine Voraussetzung für Lernen ist. Beispiele dafür geben, wie aus gescheiterten Projekten Großes hervorging. Über persönliches Wachstum sprechen. Das war gut für den Klienten. Es war aber auch gut für mich. Jetzt hatte ich meine USP.

LATTAL rückte also im Auftritt in den Hintergrund und ich repositionierte mich und mein Leistungsportfolio als Felix Maria Arnet, Experte für persönliches Wachstum. Und ich meine Positionierung, wenn ich das sage! Ich mietete mir eine neue Praxis, aber comme il faut. Der stilvolle Altbau in der Rheinstraße namens Stadtvilla Oranien mit Kassettenparkett und Stuckwänden

Meine Coachingpraxis – ein Neuanfang in schicken neuen Räumlichkeiten.

nahm auf, was ich aus besseren Zeiten noch an Schönem hatte, ein paar Vintage-Ledersessel, großformatige Bilder, Spiegel. Schlicht, aber schön.

Ich strickte mir eine edle Website, erfand ein Logo und stellte das gesamte Marketing auf Felix Maria Arnet um. Der Mann ist die Marke. Der Menschenfischer. Gelegenheit zum Fischen, die brauchte es natürlich, und ein Fischernetz. Das Netz wurde mein Vortrag »Wie ein Koffer ohne Griff«. Der Fischgrund wurde der »Philosophische Club Speech«. Ich lud andere Speaker ein, bei einer kleinen Abendveranstaltung in der Stadtvilla zu einem Thema ihrer Wahl zu sprechen. Die Veranstaltungen waren so konzipiert, dass sie sich selbst trugen. Ein kleiner Obolus von 40 Euro bezahlte etwas Feines zu essen und zu trinken. Bei einer

Kapazität von 25 bis 40 Köpfen in der Praxis waren das intime und intensive Treffen, die aber Multiplikatoreffekt und Ausstrahlungskraft hatten. Vor allem gaben sie mir als Gastgeber die Gelegenheit, selbst ein wenig zu glänzen. Am Ende des Gastvortrages ergriff ich stets das Wort und erzählte ein paar Minuten etwas aus meiner Geschichte und wie man gescheit scheitert. Nicht nur erwuchsen aus diesen Veranstaltungen neue Coaching-Aufträge. Es ergaben sich auch Einladungen zu Auftritten als Speaker, und zwar nicht nur vor 40 Leuten, sondern auch mal vor 400. Manchmal waren und sind diese Speeches pro bono, heute ist das aber immer seltener der Fall. Manchmal sind sie übers Scheitern, aber oft spreche ich auch zu meinen beiden anderen Herzens-Themen »Authentisch Führen« und »Frauen in Führung«.

Der Weg vom Vortrag zum Buch war nicht allzu weit. Die Resonanz meines Publikums machte sehr schnell deutlich: Die Menschen wollen mehr wissen, erstens über mich und zweitens über meine Konzepte und Techniken, mein Notfallprogramm, über Co-Pilot und Helikopterblick und natürlich die Fail-forward-Strategie. Schon beim Vortrag hatte ich mich in Sachen Leitmotiv, Aufbau und Tonalität von einer Redenschreiberin coachen lassen. Diese beriet mich auch in puncto Buch und wurde schließlich bei der Finalisierung und Endredaktion von »Gescheit scheitern« und auch bei dem Buch, das Sie nun in Ihren Händen halten, mein »Ghost«.

Warum überhaupt gleich zwei Bücher über das Scheitern? Wäre eines nicht genug? In meinem Fall ging es vor allem darum, rasch ein praktisch angelegtes kleines Handbuch zu bieten, einen leichten Begleiter, der bequem in Handtasche oder Laptopcase passt und knapp und konkret Hilfestellungen anbietet. Etwas, das die Zuhörer nach einem Vortrag mitnehmen können, für einen bescheidenen Obolus. Die 30-Minuten-Reihe von GABAL war dafür wie geschaffen. Aus Platzgründen – das Format ist auf 96 Seiten limitiert – war da aber kein Raum für meine eigene Geschichte, auch nicht für die theoretische Grundlage meiner verstandesgeleiteten Methoden wie zum Beispiel das Prinzip der Landkarten aus der Transaktionsanalyse, Scrum oder Kaizen.

Es war also bereits bei Erscheinen des Vademecums beschlossene Sache, dass es zudem ein »großes Buch« geben würde. Aber eine reine Autobiografie? Das mag bei prominenten Namen eine Leserschaft anziehen, aber bei mir? Was ich dem Verlag vorschlug, war ein Zwitter aus biografischem Narrativ und Sachtext. Aus meiner eigenen Geschichte sollten allgemein brauchbare Regeln und Techniken abgeleitet werden, ein induktives Vorgehen, was den Vorteil hat, anschaulich und unterhaltsam zu sein, eine eher seltene Qualität im Genre der Ratgeberliteratur. Meine Scheiter-Story sollte deutlich abgehoben sein von ihrem Pendant, um, wenn gewollt, auch zunächst separat gelesen werden zu können. Ebenso umgekehrt: Auch die andere Seite der Medaille, das Sachbuch, würde leicht erkennbar sein und für den Leser auch ohne das Tagebuch meines Scheiterns funktionieren. Der Verlag mochte das innovative Konzept … Sie hoffentlich auch.

Mein Leben begann an Profil zu gewinnen. Wie ein abgefahrener Reifen, ein »Slick«, wie die Motorsportler dazu sagen, der wieder neu bereift worden war, wurden die Dinge griffiger für mich. Ich hatte mein Schicksal wieder in der Hand. Mit der systemischen Paarberatung war meine Praxis inzwischen, verstärkt durch einige Kollegen, auf dem Weg zum Marktführer im Rhein-Main-Raum. Ich verdiente genug Geld, um – ein weiteres Mal mit Unterstützung meiner Co-Pilotin – eine Einigung mit meiner Hausbank herbeizuführen. Glücklicherweise hatte diese, wohl wissend, dass bei mir nichts zu holen war, keinen der Titel, die sie erwirkt hatten, bisher tatsächlich vollstreckt. Bei einer anderen Gläubigerin war ich nicht so glücklich. Diese hatte ihre Ansprüche an ein Inkassounternehmen abgegeben. Weder mein Steuerberater noch ein zwischenzeitlich eingeschalteter Anwalt konnten dort etwas für mich erreichen. Wieder erwies sich ein Alleingang als wirkungsvollste Methode. Ich selbst suchte das Gespräch, erzählte meine Geschichte ehrlich und authentisch und wir besiegelten am Ende eine einvernehmliche und für beide Seiten akzeptable Regelung für meine Schuldentilgung.

Ich hatte endlich wieder Grip und rutschte nicht mehr hilflos auf den Graben zu! Im Gegenteil, ich gab sogar noch ordentlich Gas. Ich stellte einen Assistenten ein, mit dem ich eine erste massive Marketing-Kampagne startete. Mit textlicher Zuarbeit meiner Kreativen entstanden Akquise-Materialien und Pressematerial, Interviews und Essays, Social Media Posts, zum Beispiel in meinem wieder reaktivierten Facebook-Profil, ein regelmäßig unregelmäßig erscheinender Newsletter »Storyteller«

und schließlich kamen auch die ersten Nummern meines Magazins »Reflexion – Magazin für Führungskraft« heraus. »Felix Maria Arnet, der Wirkungsspezialist«, so titelte inzwischen das Handelsblatt. Ich wurde ausgezeichnet mit dem Change Award. Mein Kürzel FMA löste mal jemand originellerweise auf mit »Führen Mit Authentizität«. Mein Konzept dazu heißt schlicht: »Wirkung. Haltung. Führung.«

SELBSTHEILUNGSKRÄFTE UND KREATIVITÄT

Die Fähigkeit, in Situationen, da nichts mehr geht, zu überleben, wird, wie bereits erwähnt, unter Fachleuten Resilienz genannt. Die Literatur dazu füllt ganze Bibliotheken, unter anderem ob des Streits, ob Resilienz uns in die Wiege gelegt wird oder ob wir sie erlernen können.

Eines vorweg: Resilienz ist keine allein menschliche Qualität. Man spricht generell von der Resilienz eines Systems, wenn es in der Lage ist, Störungen aufzunehmen und darauf so zu reagieren, dass zwar eine Veränderung eintritt, aber das System selbst dadurch nicht zerstört wird. Beispiele sind die Regeneration eines Waldes nach einer Feuersbrunst oder die Autokorrektur von PC-Betriebssystemen. Ich glaube, diese allgemeine Definition, die nicht allein auf den Menschen und insbesondere auf seine seelische Verfassung gemünzt ist, hilft besser zu verstehen, worum es geht. Im Wesentlichen ist mit Resilienz also gemeint, dass eine Veränderung passiert, ohne dass – oder auch sodass gerade deshalb – das System nicht zerstört wird.

Einen wesentlichen Unterschied sehe ich allerdings in der Herstellbarkeit von Resilienz. In technischen Systemen oder auch in Ökosystemen kann man Resilienz, also hohe Fehlertoleranz oder nachhaltige Bewirtschaftung, durch Programmierung oder bestimmte Managementmethoden erreichen. Bei uns Menschen hingegen ist die Manipulation von Resilienz schwieriger. Es gibt Ansätze, sie zu trainieren, ebenso wie Theorien, die besagen, dass Resilienz genetisch bedingt sei. Beidem stehe ich skeptisch gegenüber.

Lässt sich Resilienz gezielt herstellen?

Was meiner Erfahrung nach aber funktioniert, ist durch bewusste, rationale Entscheidungen in Krisen die eigene Situation aktiv so zu beeinflussen, dass die individuelle Widerstandskraft greifen und maximal wirken kann. Ich bin überzeugt, Resilienz hin oder her, ein kluges Programm an Grundsätzen für den Krisenfall erhöht unsere Chancen, ein Stehaufmännchen oder Stehaufmädchen zu sein, erheblich.

Unsere Psyche ist nämlich ein klug angelegtes Ding: Wie unser Organismus auch verfügt sie über ein ganzes Spektrum an Mechanismen, um sich zu äußern und sich funktionstüchtig zu halten. Unangenehmerweise besteht das Fitnessprogramm unserer Seele jedoch in Konkurrenz zu dem unseres vegetativen Systems. Wenn unser Körper schläft, also wir nicht bei Bewusstsein sind, ist unser Hirn am aktivsten. Es ist im »Default-Modus« (Maehrlein, 2015, S. 143). Es lässt uns träumen. Damit wird Erlebtes verarbeitet. Doch mehr noch: In Träumen sind wir oft sehr kreativ. Haben Sie es schon einmal erlebt, dass Sie nachts aufwachen und Ihnen eine tolle Idee ganz klar vor Augen steht? Oder die Lösung eines kniffligen Problems? Manche Leute haben dafür sogar einen Notizblock auf dem Nachttisch.

Problemlösungen finden, das kann unser Hirn im Unterbewusstsein sogar um ein Vielfaches besser als bei Bewusstsein. Das geschieht nur leider zur Unzeit für uns. Wir erleben diese unbewusste Aktivität als störend. Wenn wir schlecht schlafen, viel träumen (und in der Krise sind das selten angenehme, gar rechte Albträume), finden wir während der Nacht keine Ruhe geschweige denn Erholung. Wir wachen auf und fühlen uns wie gerädert. Wir bleiben vielleicht sogar noch etwas liegen, um den vermeintlich verpassten Schlaf nachzuholen, nur um uns wieder von einer Seite auf die andere zu werfen.

Der clevere Trick liegt darin, die besonders in der Krise hochwillkommene Kreativität und die Selbstheilungskraft beizeiten zu nutzen, das heißt nicht nachts im Schlaf, sondern tagsüber zu von uns bestimmten Gelegenheiten. Zum Beispiel bei einem langen Spaziergang, der den Kopf frei macht. Oder einer kleinen Siesta am Nachmittag, nicht notwendigerweise schlafend, sondern mehr ruhend, dösend oder auch Musik hörend. Jede Form von eintöniger, aber als angenehm empfundener Tätigkeit ist ebenso gut geeignet, um der Seele Auslauf zu gewähren. Gemüse schneiden, Rasen mähen, bügeln, was auch immer Sie als nicht allzu unliebsame Pflicht empfinden. Hervorragend sind auch Bahnfahrten, auf denen man einfach den Blick aus dem Fenster richtet und die Landschaft an sich vorüberziehen lässt, ohne die Zeit »vernünftig« zu nutzen. Müßiggang ist nämlich nicht aller Laster Anfang, wie das Sprichwort sagt, sondern ein Fenster für die Kreativität unseres Unterbewusstseins. Mit dieser Technik, die ich scherzhaft »meine Alltagsmeditation« nenne, geben Sie Ihrer Seele die Chance zu trainieren, ohne Sie zur Unzeit damit zu stören, wenn Sie Ihren Körper regenerieren müssen. Es empfiehlt sich allerdings auch hier, Stift und Block oder irgendein anderes Hilfsmittel zum Notieren von Ideen parat zu haben. Denn die Ideen, die Lösungen für Ihr Problem, sie werden kommen, wenn die Seele Auslauf bekommt und spielen darf.

Wenn die Seele spielen darf, kommen die Ideen.

Diese Tagträumereien dürfen Sie ruhig so oft betreiben, wie es Ihnen gefällt, hüten Sie sich jedoch davor, sie als Pause, Rückzug oder gar Flucht vor der Realität zu betrachten. Diese Tagträume dienen nicht der Verdrängung Ihrer Not. Sie dienen der aktiven Auseinandersetzung mit ihr. (Vgl. Maehrlein, 2015, S. 145.) Wie im vorherigen Kapitel am Beispiel von »Jenseits von Afrika« beschrieben: Wir müssen gedanklich dahin, wo es schmerzt, um den Schmerz letztlich loszuwerden. Den Finger in die Wunde legen. Oder Salz in sie streuen. Zu verdrängen, was einen quält, schafft am Ende nur noch mehr Leiden. Interessanterweise gibt es Parallelen in der Art und Weise, wie wir mit Scheitern zurechtkommen, und einem Trauerprozess nach dem Verlust eines geliebten Menschen. Unsere Seele erlebt Scheitern als einen Verlust. Also müssen wir ebenso eine intensive Trauerphase durchmachen wie beim Tod einer nahestehenden Person. Wer zum Ort des Schmerzes geht, ihn erträgt und wartet, bis sich das Chaos in Bauch und Kopf gelegt hat, hat gute Chancen, die

Krise zu überleben. »Scheitern hat damit etwas von einem Unfall, bei dem man mit dem Auto in einen See stürzt. Der einzige Rettungsweg: auf den Grund sinken lassen, die Fenster runterkurbeln, das Wageninnere voll Wasser strömen lassen, Luft anhalten – und dann erst rausschwimmen.« (Pfersdorf, 2015, S. 43.)

SOFORTMASSNAHMEN

Wenn Ihre Alltagsmeditation Früchte getragen, also Ideen zur Bewältigung Ihrer Krise hervorgebracht hat, belassen Sie es nicht beim Notieren dieser Ideen. Nehmen Sie die Ideenskizze und machen Sie sofort einen Aktionsplan daraus. Welche Schritte sind zu tun? In welcher Reihenfolge? Wann?

Das Wann sollten Sie dabei nicht allzu großzügig behandeln. Ideal sind Timings wie »noch heute«, »sobald Herr X aus dem Urlaub zurück ist«, »wenn die Banken wieder geöffnet haben« usw. Also quasi sofort oder zumindest unverzüglich. Aufschieben schafft nämlich ebenso Not wie Verdrängen. Wenn es nicht sofort geht, geben Sie dem Schritt wenigstens ein definitives Datum. Können Sie das nicht einhalten, geben Sie ihm einen neuen Termin. Gerade in Krisen ist die Zeitkomponente kritisch. Manche Zeitfenster schließen sich, um nie wieder aufzugehen, manche Chancen bieten sich kein zweites Mal, Fristen laufen ab, Geduldsfäden reißen. Gefahr ist im Verzug.

Halten Sie zudem die Schritte und Timings nicht nur als Notiz fest. Vergessen Sie die sogenannte To-do-Liste. Ich nenne Sie inzwischen die To-die-Liste – sie stirbt einen langsamen und qualvollen Tod. Visualisierung ist Trumpf. Es mag ein Klischee von uns Beratern sein, dass wir immer alles auf bunte Kärtchen schreiben und diese an Wände pinnen müssen. Aber wir tun das aus Gründen. Was wir vor Augen haben, geht uns nicht so rasch aus dem Sinn. Was wir vor Augen haben, können wir nicht verdrängen, delegieren oder uminterpretieren. »Wer tut wann was« ist eine klare Ansage. Arbeiten Sie Ihre Sofortmaßnahmen systematisch ab. Halten Sie Fortschritte fest. Das darf auch ruhig quantifizierbar sein, also entweder in Prozent oder in Form von Diagrammen. Halten Sie vor allem auch erledigte Aufgaben fest! Denn hier ist nach Maxime 5 aus dem Notfallprogramm etwas fällig, nicht wahr? Es winkt eine Belohnung und sei es auch nur eine kleine. Visualisierung und Ritualisierung sind das A und O. Warum? Sie gehören zu unseren ureigensten Kulturtechniken.

Visualisierung ist Trumpf.

Wie ich zuvor mit Max Frisch sagte: Krise ist ein höchst produktiver Zustand. Warum sollte man diesen also nicht behandeln wie ein Projekt? Mit Managementtools und Kreativitätstechniken wie Mind-Mapping, Design Thinking, Veränderungskurven, Strategien wie Kaizen und KVP (Kontinuierlicher Verbesserungsprozess) oder Methoden aus dem Projektmanagement wie zum Beispiel Scrum, das dem zuvor Gesagten zugrunde liegt. Bei Scrum geht es darum, komplexe Prozesse, für die es zu Anfang noch keinen vollumfänglichen Plan gibt, auf einzelne Schritte herunterzubrechen. Die Anforderungen und Lösungsansätze für das Problem sind noch unklar, aber diese Unklarheit kann man handhaben, indem man Zwischenergebnisse schafft. Anhand der Zwischenergebnisse lassen sich die fehlenden Anforderungen und Lösungstechniken effizienter finden als durch eine abstrakte Klärungsphase. Man schafft Transparenz, indem man Fortschritte oder Rückschritte regelmäßig und sichtbar festhält. Man überprüft die Vorgehensweise. Gelegentlich kommt es bei dieser Überprüfung zu neuen Erkenntnissen und folglich zu Anpassungen. Die Komplexität des Problems wird nicht kleiner, aber durch die Portionierung in kleinere und weniger komplexe Einheiten wird das Vorgehen planvoll und strukturiert. So ist das nicht nur bei der Softwareentwicklung – dem Bereich, aus dem Scrum ursprünglich stammt – oder im Change Management von Organisationen, sondern auch beim Bewältigen einer Lebenskrise. Es geht darum, Probleme zu rationalisieren, der Komplexität der Emotionen zu entkommen. Der Kopf herrscht wieder über Herz und Bauch.

RAUS AUS DEM BADEMANTEL!

Verdrängen gilt also nicht. Die Hölle unserer dunklen Gefühle lassen wir nur hinter uns, wenn wir unsere Lage akzeptieren. Wie schon erwähnt: Die letzte Phase des Scheiterns und damit der erste Schritt heraus aus der Krise ist immer die Akzeptanz. Zitternde Knie und pumpendes Blut, die schiere Angst, all das macht dann Ruhe und Klarheit Platz, wenn wir unsere Situation akzeptieren und sie zum Ausgangspunkt unseres Denkens und Handelns machen. Wer am Berg abrutscht, ist nicht gut damit beraten, immer wieder an den ausgerissenen Sicherungshaken zu denken, an den Sturz, an die Beule am Kopf oder gar an den gähnenden Abgrund. Er darf nicht jammern und schreien, sondern muss ruhig den anderen im Seil Antwort geben, seine Situation schonungslos erkennen und beschreiben, damit ein Weg aus der misslichen und gefährlichen Lage gefunden werden kann.

Sie müssen ehrlich und endgültig akzeptieren, was geschehen ist. Das Attribut »ehrlich« ist wichtig, weil wir im Scheitern etwas enorm Schmerzliches erfahren: Wir sind nicht großartig, unfehlbar und unwiderstehlich für alles Glück dieser Welt. Unser Grundvertrauen in das Gute in der Welt, in Gerechtigkeit und unsere eigene Größe wird ge- oder gar zerstört. Entsprechend neigen wir zu Beschönigungen und Beschwichtigungen. Endgültig muss die Akzeptanz sein, weil uns in unserem Scheitern eine (oder gleich mehrere) Optionen unwiederbringlich verloren gehen. Wir müssen verstehen, dass es für manches im Leben keine zweite Chance gibt. Leider gilt das besonders für die elementaren Dinge, Liebe, Gesundheit, Lebensentwürfe, Träume. Deshalb geht es um eine radikale Akzeptanz. Sie greift bis an die Wurzeln unseres Selbstbewusstseins und legt die Axt an einige Äste unserer Selbstverwirklichung. Übrig bleibt, was noch möglich ist. Je weniger das ist, desto schwerer ist diese Akzeptanz.

Man kann außerdem nicht oft genug betonen, wie wichtig es ist, das nicht nur für sich im Stillen abzumachen. Zu leicht ist es da, sich selbst zu betrügen oder zu beruhigen. Radikale Akzeptanz beweisen Sie, indem Sie es laut sagen und allen, die es hören wollen: Ich bin gescheitert! Pleite! Geschieden! Betrogen! Welche Form auch immer Ihr Scheitern hat. Wenn Sie es nicht sagen können, schreiben Sie es stattdessen. Wichtig ist: Das Wort muss raus in die Welt! Warum? Weil Sie aus der Einsamkeit des Scheiterns ausbrechen müssen. Sie müssen raus aus der leeren Stadt und die Leute suchen, die sie mal bevölkerten, oder andere finden. Sie müssen darüber sprechen, nicht zuletzt übrigens, um auch mal wieder lachen zu können, entweder über sich selbst oder über andere, denen es ähnlich ergangen ist wie Ihnen. Denn darauf können Sie sich verlassen: Scheitern passiert, ständig und jedem. Es gibt so viele Menschen, mit denen Sie Ihr Scheitern teilen können und die wissen, wovon Sie sprechen. Aber um diese Schicksalsgemeinschaft finden zu können, müssen Sie zunächst einmal kommunizieren, was Ihnen geschehen ist. Sie müssen rauskommen.

Raus mit der Sprache!

Außerdem hilft der Prozess des Schreibens oder Sprechens bei der Rationalisierung des Geschehenen, seiner Analyse und Aufarbeitung. Sprachliche Kommunikation fußt auf logischem Verständnis. Damit Ihr Gegenüber verstehen kann, was Sie ihm sagen, müssen Sie selbst die Dinge in einen logischen Bezug zueinander setzen. Das hilft Ihnen bereits dabei, Ihre dunkle Emotionalität, die Sie in der Krise beherrscht, zurückzudrängen und positiven Emotionen eine Chance sowie rationalem Denken und Verhalten Raum zu geben.

Lassen Sie sich nicht gehen!

In Phase 2 des Scheiterns, der Depression, lässt man sich typischerweise gehen, achtet nicht auf Gesundheit und Erscheinungsbild, pflegt und kleidet sich sehr lässig bis nachlässig. Ich kam in meiner Krise tagelang nicht aus dem Bademantel raus. Dabei ist das Gegenteil das Gebot der Stunde. Wir müssen uns als das Subjekt des Scheiterns begreifen. Wir müssen aktiv bleiben. Denn Scheitern passiert nicht einfach, es wird zugelassen. Viel zu oft wird es nicht bewusst durchlebt, nicht im Wortsinn »bearbeitet«. In der Krise tendieren wir dazu, es einfach geschehen zu lassen, den Dingen ihren Lauf zu lassen, der Pleite, der Scheidung, der Krankheit. Wir überlassen uns allem und jedem, Insolvenzverwaltern, Anwälten, Ärzten. Zu einem guten Teil ist das auch sinnvoll, haben diese immerhin auf den jeweiligen gebieten Erfahrung und Spezialwissen. Aber: Wir dürfen uns wohl beraten und assistieren, aber nicht führen und bestimmen lassen.

Uns obliegt jede Entscheidung, jeder Schritt muss von uns selbst getan werden. Das hat mehrere Gründe. Zum einen geht es dabei natürlich um die Wiederherstellung des Selbstwertgefühls. »Ich kann es noch«, müssen Sie sich beweisen, »Ich bin immer noch Herr meiner selbst«, müssen Sie spüren. Zum anderen geht es aber vor allem um Ihr Gegenüber in der Krise. Es geht um die Behauptung

Ihrer persönlichen Integrität, darum, dass Sie als lebenstüchtige und überlebensfähige Person wahrgenommen werden. Ein heulendes Elend verunsichert jeden, egal ob Anwälte oder Angehörige. Schnell wird daraus das Gefühl, nicht zu wissen, wie man helfen kann. Schnell wird daraus ein Fluchtverhalten. Sie aber brauchen Menschen, die zu Ihnen halten und Ihnen eine Hilfe sind. Diese finden Sie nur, wenn man zu Ihnen halten will und Hilfe anbieten kann. Artikulieren Sie also Ihr Hilfsbedürfnis, aber nicht pauschal und verzweifelt, sondern konkret und überlegt.

Ein heulendes Elend vertreibt die Helfer.

Auch und gerade in der Krise müssen Sie aktiv bleiben, Entscheidungen treffen, Schritte in die Wege leiten, ins Tun kommen. Hilfe suchen ist richtig, aber mit Bedacht und zielgerichtet. Bleiben Sie das Subjekt des Geschehens, Ihres Selbstwertgefühls wegen, aber auch um Ihrem Umfeld die Chance zu geben, wirkliche und richtige Hilfen anzubieten statt Mitleid und Placebos.

EIN UNGLÜCK KOMMT SELTEN ALLEIN

Das Tückische an Krisen ist, dass sie leicht eskalieren. Zu einem Unglück kommt das nächste, ein Scheitern zieht ein anderes nach sich. Wer ein geschäftliches Desaster erlebt, wird unter dem Druck oft krank. Häufig haben die wirtschaftliche Notlage und die emotionale Ausnahmesituation Rückwirkungen auf Partnerschaft und Familie. Genauso läuft es umgekehrt. Eine gescheiterte Ehe bedeutet in vielen Fällen auch ein finanzielles Fiasko, insbesondere wenn dunkle Gefühle wie Eifersucht und Rachsucht eine Rolle spielen. Eine schwere Erkrankung oder ein Unfall mit einschneidenden Konsequenzen lässt vielmals auf die Dauer und unter der völlig veränderten Lebenssituation und -qualität auch die Liebe sterben, ganz zu schweigen vom Verlust beruflicher Möglichkeiten oder der finanziellen Belastung durch die Krankheit, etwa durch bauliche Veränderungen der Wohnung, Umbau des Pkw, Medikamente, Kuren, Therapien. Wohlgemerkt: All diese Eskalationen sind Kaskaden von Gefühlen, die über die Beteiligten einstürzen.

In der Krise ist Multitasking angesagt.

Das bedeutet, wenn Sie schon genug Trouble auf der einen Ebene haben, kommt Ihr Leben auch auf anderen Gebieten ins Rutschen. Das ist nicht nur enorm frustrierend und kraftraubend, sondern fordert Ihnen etwas ab, was sonst eher als Thema in Frauenzeitschriften belächelt wird: Multitasking. Alles passiert zugleich. Entsprechend gilt auch für Ihr Handeln: Gleichzeitigkeit!

Der wichtigste Tipp, um dabei nicht den Kopf zu verlieren, ist: Machen Sie aus der Not eine Tugend. Zelebrieren Sie die Gleichzeitigkeit förmlich. Was heißt das? Es heißt, sich für ein Problem stets mehrere Lösungen zu überlegen und diese parallel zu verfolgen. Je mehr Optionen da sind, desto weniger tragisch ist es, wenn eine davon nicht zum Ziel führt oder sich verzögert. Wer mehrere Eisen im Feuer hat, hat mehr Chancen auf Erfolg und auch mehr Gelegenheiten, Fortschritte zu verzeichnen, Meilensteine hinter sich zu lassen, Aufgaben abzuhaken und Belohnungen einzustreichen. Alles positive Beiträge, die Sie brauchen wie die Luft zum Atmen. Und wenn eine Option sich nicht erfüllt, muss Sie das nicht nervös machen, denn es gibt ja noch Plan B bis Z.

Das klingt nach Aktionismus oder gar Stress? Nach Überforderung und Kopflosigkeit? Mitnichten. Sie sollen nicht ins Hamsterrad, nicht bloß auf Bewegung reagieren, indem Sie irgendwie panisch losstrampeln. Es geht um planvolles und selbstbestimmtes Agieren. Die Gleichzeitigkeit darf nicht bloße Bedingung sein, die von Ihrer Umwelt bestimmt wird, sondern muss zu Ihrem eigenen Prinzip werden. Denken Sie an sich wie an einen Jongleur, der viele Bälle zugleich in der Luft hält. Für die Zuschauer mögen die schnell umherfliegenden bunten Bälle verwirrend und chaotisch wirken. Aber der Jongleur weiß, was er tut. Er weiß genau, wie viele Bälle im Spiel sind und wo sich jeder Ball gerade befindet. Selbst wenn es zu viel wird, kann man noch den einen Ball auf dem Fuß fangen und für eine Zeit lang parken oder auf der Stirn.

Halten Sie mehrere Bälle gleichzeitig in der Luft!

Ebenso habe ich es gemacht. Beruflich hatte ich stets mehrere Aktionsfelder parallel. Die therapeutische Praxis neben dem Coaching. Auch das Coaching mit verschiedenen Fokussierungen, von Personalentwicklung und persönlichen Wachstumsstrategien bis zur Organisationsentwicklung. Inzwischen habe ich ein weiteres Feld: Mit einem Freund zusammen biete ich Hikingtouren an, bei denen eine kleine Gruppe von zufällig zusammentreffenden Menschen nicht nur Freude am Berg hat, sondern zudem etwas über sich selbst lernt und persönliche Grenzen überwindet. Zu guter Letzt habe ich meine erkleckliche Erfahrung auch dem Coaching-Nachwuchs zur Verfügung gestellt. Ich begleite unter dem Label »NextLevel« inzwischen eine Handvoll Jungberater in Positionierungs- und Marketingfragen.

Bei meinem Steckenpferd-Thema, dem Scheitern, habe ich es ebenso gemacht. Die Entwicklung des Vortrags und erste Auftritte liefen neben der Erstellung meines ersten Buches »Gescheit scheitern« und dem Kick-off des »Philosophischen Club Speech«. Selbst wenn es irgendwo nicht weiterging, war das nicht allzu frustrierend, weil es andernorts Erfolgserlebnisse gab. Zudem befruchteten sich alle Projekte gegenseitig. Was ich bei einem Vortrag aus den Resonanzen des Publikums lernte, konnte ich beim Buch einsetzen. Umgekehrt konnte ich das Buch, nachdem es erschienen war, auch in den Vorträgen einsetzen.

Das Prinzip Gleichzeitigkeit hat zudem noch einen weiteren Vorteil. Machen wir uns nichts vor, gerade in der Retrospektive wie bei diesem Buch: Der Weg aus dem Scheitern ist ein sehr, sehr langer. Es braucht Durchhaltevermögen und Hartnäckigkeit. Wer da nur einige wenige Pläne verfolgt, von denen der eine oder andere sich als nicht gut genug herausstellt oder ganz misslingt, hat bald nichts mehr in den Händen. Der britische Politiker und Gewerkschaftsführer Ernest Bevin hatte das Prinzip gut begriffen: »Die erste Überlegung, bevor Sie sich in Verhandlungen begeben, ist zu wissen, was Sie tun wollen, wenn der Andere nein sagt.« Nur noch einer wusste das besser, Bevins »Chef« im Kriegskabinett, Winston Churchill: »Erfolg heißt, von Niederlage zu Niederlage zu schreiten, ohne seinen Enthusiasmus zu verlieren.« (Beide zitiert nach Arden, 2010, S. 122.)

Enthusiasmus, das ist das Wort. Zu Mut gehört nicht nur Hartnäckigkeit, Ehrgeiz und Beharrungsvermögen, sondern auch die Befähigung, Freude zu empfinden, Begeisterung zu fühlen. Wer nicht mutig immer wieder Neues vom Zaun bricht, hat eben auch keinen Spaß. Und der darf beim Neuanfang nach einer Krise nicht zu kurz kommen. Auch als Gescheiterter haben Sie ein Recht auf Freude. Auch Sie dürfen nach wie vor nach Glück streben. Denn was hat sich schon geändert? Sie sind immer noch, wer Sie sind, wissen, was Sie wissen, können, was Sie können. Es gibt jede Menge Gründe für Mut und jede Menge Felder, um ihn zu testen. Selbst wenn der Test negativ ausfällt, macht das nichts. Das Leben ist nicht zu Ende, weil sich ein Wunsch nicht erfüllt hat. Es hat uns nur einen Weg versperrt, damit wir einen anderen wählen.

Der Neuanfang soll auch Spaß machen.

AUF EINEN BLICK

- Ob Resilienz – die Fähigkeit, Krisen zu überstehen – erlernbar oder angeboren ist, wird heftig diskutiert.
- Auf jeden Fall ist es möglich, eine Situation durch bewusste, rationale Entscheidungen so zu gestalten, dass die eigene Widerstandskraft maximal wirken kann.
- Beim Träumen sucht das Unterbewusstsein nach Lösungen. Diese Kreativität gilt es, im Wachzustand zu aktivieren.
- Das Tagträumen auf der Suche nach Lösungsideen darf aber nicht mit Verdrängen verwechselt werden.
- Wichtig ist eine radikale Akzeptanz des Scheiterns, also ein Akzeptieren, das ehrlich und endgültig ist.
- Viele Menschen lassen sich in der Krise gehen und meiden Kontakte. Doch es ist wichtig, aktiv zu werden und über das Scheitern zu sprechen (oder zu schreiben).
- Es gilt, sich selbst als Subjekt des Scheiterns zu begreifen und aktiv zu werden.
- Scheitern lässt sich managen wie ein Projekt. Dabei ist Multitasking hilfreich, denn wer mehrere Pläne parallel verfolgt, erhöht seine Erfolgschancen.

Fünfter Teil

Persönliches WACHSTUM

Fehler zu machen ist das Privileg des Tatkräftigen.« »Wer nicht bereit ist, anstößig zu sein, der liefert auch keine Anstöße.« »Jeder macht, was er kann. Manche machen, was sie wirklich können.« »Man muss Menschen mögen, um sie zu führen.« »Wer Menschen bewegen will, muss wissen, was Menschen bewegt.« »Selbstzufriedenheit fängt damit an, freundlich zu sich selbst zu sein.«

Derart sind die Kärtchen beschriftet, die heute in meinem Büro am Kühlschrank hängen oder neben dem Computerbildschirm stehen. Aphorismen und Bonmots aus meiner Feder, die mich durch den Tag begleiten, die ich zum Ausgangspunkt meiner Coachings mache oder in meinem Newsletter oder der Zeitschrift »Reflexion« erkläre. Werber sagen dazu »Marken-Claims«, Markenversprechen. Das stimmt auch. Das sind die Claims der Marke Felix Maria Arnet. Aber sie sind keine von Marketingstrategen oder Textertalenten ersonnenen Slogans. Sie sind Ausdruck persönlichen Wachstums, meines persönlichen Wachstums durch mein Scheitern. Vergleichen Sie sie mal mit dem Eingangsabsatz von Kapitel 3. Was für ein himmelweiter Unterschied, nicht wahr? Woher dieses Selbstbewusstsein?

Mein Ausbilder hatte sich an mich gewandt. Er war auf die Ausschreibung für einen sehr lukrativen Beratungsauftrag bei einem Bundesministerium gestoßen und wollte in der Vorbereitung seines Angebotes dafür meine Expertise einholen. Je mehr ich über die Natur des Auftrages lernte, desto mehr sagte es in mir: Mensch, das könntest du doch auch. Wenigstens gemeinsam mit anderen Kollegen. In einer Bietergemeinschaft mit insgesamt vier Beratern reichten wir also unser Konzept für die Betreuung eines Change-Management-Prozesses beim Ministerium ein. Dann stand ein Assessment Center an, in dem sich alle einzeln vorzustellen hatten. Nun war ich der bunte Hund darunter, im wahrsten Sinne des Wortes.

Zum einen war ich nicht im üblichen Beraterlook aufgelaufen – Pulli, Halstuch und Baggy-Hosen in langweiligen gedeckten Farben, bei uns in Hessen sagt man dazu »wie Karl Napp« –, sondern ich hatte mich an dem Stil der Entscheider, die uns im AC beurteilen sollten, orientiert. Mit meinem Modefaible fiel es mir nicht schwer, das Farbschema und die souveräne Eleganz des Beamten-Habitus nachzuahmen. Zum anderen, und das war bedeutsamer, war ich der Gescheiterte in der Runde, der Sturzpilot. Ich hatte mich keiner Illusion darüber hingegeben, dass alle Bewerber um dieses Beratungsmandat auf Herz und Nieren überprüft und genau durchleuchtet werden. Ich trat also an in Grau und Violett und als Experte für Change Management aus eigener Erfahrung, ein erprobtes Stehaufmännchen, das wusste, was es bei komplexen Projekten wie Veränderungsprozessen vor allem braucht: Resilienz.

Unter den Beratern bin ich ein bunter Hund.

Während meine Kollegen der Bietergemeinschaft sich wohl leider nicht wirklich optimal verkauften, reagierte ich auf die Fragen des fünfköpfigen Komitees ehrlich und realistisch, aber mit Agilität und Fantasie, wenn Improvisation gefragt war. Mein authentischer, unaufgeregter Auftritt plus die Achtsamkeit, mit der ich auch mein Erscheinungsbild an meinen Auftraggeber in spe angepasst hatte, sorgten für einen unerhörten, triumphalen Durchbruch. Die anderen Kollegen aus der Bietergemeinschaft wurden nicht mehr in Erwägung gezogen. Ich bekam den Auftrag, allein! Dabei hatte ich mich ganz fest an einen Rat gehalten, den ich bei Paul Arden, dem Autor des »erfolgreichsten Buches der Welt« gelesen hatte: »Versprich nichts, was du nicht halten kannst. Beim Verkaufen unserer Ideen sind wir gern zu euphorisch. Wir malen uns aus, wie wunderbar alles funktionieren wird, und rechnen keinen Misserfolg mit ein. Das Ergebnis wird wahrscheinlich enttäuschend sein. Nicht desaströs, aber auch nicht so gut wie erwartet. Niemand wird etwas sagen, aber beim nächsten Mal wird man dir schon etwas weniger vertrauen. Im Grunde hast du es vermasselt. Trittst du dagegen etwas vorsichtiger auf, weist auf eventuelle Schwächen und deren mögliche Lösungen hin, dann stellst du ein Vertrauensverhältnis zu deinen Kunden her und kannst alle Probleme lösen. Und wenn es ein Erfolg wird, umso besser für dich.« (Arden, 2010, S. 38.)

Da war er, mein Neustart, und der war nicht von Pappe. Wie ein Turbo-Motor die Luft ansaugt und in den Zylinder presst, um die Leistung zu maximieren, so verdichtete dieses Geschehnis mein Leben und beschleunigte meinen Weg aus der Krise. Mein berufliches Standing wurde auf eine gänzlich andere Ebene katapultiert, sowohl als Coach als auch als Speaker. Beziehungen zu anderen Beratern und die Einbindung in Netzwerke wurden enger. Auch privat gab es mir einen Boost. Meine wirtschaftliche Lage entspannte sich durch den langfristigen Großauftrag spürbar. Ich konnte endlich meine Schulden, auch und gerade bei meiner Lebensgefährtin, substanziell zurückführen. Das war nicht nur für das Binnengefüge unserer Beziehung festigend, sondern sorgte auch gegenüber unserer Umwelt für Entspannung. Viele Menschen hatten den Kopf geschüttelt, wie selbstlos und großzügig Christiane mir immer wieder mit zinslosen Darlehen Wind unter die Flügel gefächelt hatte. Die warnenden Stimmen aus dem Off verstummten nach und nach. Mein Motor lief wieder rund und ich brachte PS auf die Straße. Felix is back! Der Menschenfischer ist wieder da. Mit mehr Mut als je zuvor. Mit mehr Ehrgeiz als je zuvor. Aber leiser und beherrschter. Kein Lautsprecher wie so viele andere im Rennen, sondern der Führungsflüsterer.

Dabei mache ich mir keine Illusionen. Erstens bin ich gerade mal eben aus dem Gröbsten raus. Es ist noch längst nicht alles überstanden. Es wird immer wieder Phasen geben, in denen mich mein »Gedankenkarussell«, wie ich es nenne, wieder an Orte zurückführt, wo Scham, Schuld und Ohnmachtsgefühle wohnen. Es wird mich die Tatsache meiner Insolvenz immer wieder einholen und mich klein fühlen lassen. Man kann keinen Schalter umlegen, von Aus auf An: Jetzt bist du raus aus dem Scheitern. Und zweitens: Scheitern kann mir immer wieder passieren. Auch oder gerade, weil ich wieder so hochtourig unterwegs bin. Ich habe es mal überschlagen: Ich bin im Jahr etwa 182 Tage unterwegs, allein in Sachen Coaching, Vorträge nicht mitgerechnet. Ich scheuche meine »Katze« durchschnittlich 45 000 Kilometer per annum über die Straßen und sammle 50 000 Flugmeilen jährlich. Ich bin eine One-Man-Show, und die 5 steht jetzt vor der 0. Wie lange ich noch fit und belastbar genug bin, um dieses Pensum abzuliefern, ist eine berechtigte Frage. Daneben wollen noch Bücher geschrieben und vermarktet werden. Nicht zuletzt möchte ich auch nie wieder als Vater und Lebenspartner durch Abwesenheit oder gar Ausfall glänzen. Unsere Familie ist so gut aufgestellt und so glücklich miteinander, wie sie es nie zuvor gewesen ist. Also: Brennt meine Kerze an beiden Enden? Riskiere ich ein weiteres Scheitern durch meinen fulminanten Neustart? Ich glaube, ich mache es viel besser als zuvor. Denn ich treffe Entscheidungen heute immer mit meinen besten Fehlern im Hinterkopf und mit großer Achtsamkeit.

Ich wurde beispielsweise in letzter Zeit immer häufiger gefragt, warum ich mir nicht wieder ein Team aufbaue, Mitarbeiter einstelle, die mich entlasten und auch Parts der Coachings übernehmen können. Derart könne ich auch das Portfolio erweitern und weitere Kompetenzen aufbauen. Das mag zunächst logisch und sogar erstrebenswert klingen. Aber wenn ich dann daran denke, wie es war in den Hochzeiten der Agentur, mit den Geschäftsführungskollegen, mit den vielen Mitarbeitern, hohen Budgets, vielen Jobs, dann sagst etwas ihn mir: »Pass auf! Da willst du nicht wieder hin, oder?« Und das ist gut so. Oder wenn ich beruflich auf Leute treffe, die ich nicht nur fachlich schätze, sondern auch nett finde, die ich mag und als alter Menschenfischer für mich gewinnen möchte, warnt mich das Stehaufmännchen in mir: »Vorsicht! Man macht nicht aus Geschäftspartnern / Kunden Freunde. Und auch nicht umgekehrt aus Freunden Geschäftspartner oder gar Kunden.« Als systemisch ausgebildeter Therapeut weiß ich, wie menschliche Interaktionen immer die Systeme der Beteiligten antasten, modifizieren oder sogar beschädigen können. Das ist komplex genug.

Wenn diese Interaktionen aber mehrere Dimensionen betreffen, zum Beispiel Gefühlsleben und Arbeitsleben, entsteht eine ungeheure Dynamik, die sehr beflügelnd, aber auch zerstörerisch sein kann. Ich habe mich von einer Menge lieber und mir teurer Menschen verabschieden müssen. Es ist mir sehr schwergefallen, sie loszulassen. Aber ich habe meine Lektion gelernt, wenn auch auf die harte Tour.

Bleibt die Frage: Bin ich glücklich? Oder einfach nur zufrieden, mit dem, was ich habe, dass ich überhaupt noch etwas habe? Einfach nur heilfroh, überhaupt überlebt zu haben? Gegenfrage: Was ist denn Glück? Der Psychoanalytiker Gottfried Appy weiß darüber Folgendes: Glück »entsteht überall dort, wo es dem Menschen gelingt, sich einen alten und unbewussten Wunsch im Einklang mit seinen Idealen [...] und seiner Wirklichkeit innerhalb seiner zwischenmenschlichen Beziehungen zu erfüllen. Gelingen steht dann am Ende eines Lebenswegs, der das Glück nicht in der Verleugnung von Unglück gesucht hat, sondern die Fähigkeit, glücklich zu sein, gerade in der Fähigkeit, Unglück zu sehen, zu verhindern und notfalls zu ertragen. Zur Fähigkeit, glücklich zu sein, bedarf es des Mutes zum Unglück. [...] Scheitern lernen heißt also, nach den vielen Quer- und Seitenwegen noch eine Formel zu liefern, die zeigt, dass Scheitern eine Form ist, Idealisierungen, Illusionen, Selbstüberschätzungen zu korrigieren. Jedes Scheitern stärkt das Realitätsprinzip, lehrt sich anzunehmen.« (Zitiert nach Zahlmann / Scholz, 2005, S. 234.) Nach dieser Definition, die ich sehr klug finde, darf ich mich wohl für glücklich halten. Denn ich habe eine Formel für mein Scheitern gefunden, mein Realitätsprinzip gestärkt, ich bin ich und da, wo ich immer sein wollte. Sie funktioniert, meine Formel, die Formel Felix ...

Wenn mich auf meinen Vorträgen Zuhörer fragen, wie sich Scheitern anfühlt, insbesondere in der zweiten Phase, der depressiven, muss ich oft nach Worten dafür suchen. Das liegt natürlich zum einen daran, dass jedes Scheitern sehr individuell ist und damit auch das Erleben einer solchen Krise. Das liegt aber zum anderen daran, dass man es nicht wahrhaben will, es zu ertränken und zu betäuben sucht. In meinem Fall hat es ganz sicher viel zu lang gedauert, bis ich mich zu der radikalen Akzeptanz meines Scheiterns durchringen konnte. Bis ich verstand, dass ich mit der Tatsache leben zu lernen hatte. Das Gefühl des Scheiterns ist in der Tat mit Trauer zu vergleichen, mit dem Gefühl eines großen Verlustes, das auch durch Ablenkungen wie schöne Erlebnisse, freudige Ereignisse, glückliche Stunden nie völlig verschwindet. Es dauert übrigens ebenso lange wie Trauerarbeit. Heute, da ich dies schreibe, sind etwa fünf Jahre vergangen seit der Insolvenz meiner Firma. Etwa die gleiche Zeit setzt man gemeinhin für die Trauerbewältigung an. Erst allmählich kann ich Gutes wieder genießen, Dankbarkeit empfinden und auch zeigen. Natürlich weiß ich, dass die alten glorreichen Zeiten vorbei sind. Aber dass andere Menschen mir folgen, meine Geschichte hören wollen, meine Beratung schätzen, ich mal eben so für eine ganze Woche Training gebucht werde, das sind ungemeine Bestätigungen, viel mehr übrigens als zu meinen Werberzeiten, wenn wir einen Pitch gewannen.

Die Wunden heilen allmählich. Scheinbar habe ich sie nun genug geleckt. Die Trauer wird abgelegt.

So individuell das Erleben auf der Gefühlsebene ist, so typisch ist übrigens der Verlauf der Trauerkurve. Wenn mir Menschen aus dem Publikum ihre eigenen Schicksale erzählen, kann ich inzwischen sehr genau feststellen, in welcher Phase er oder sie gerade ist. Entsprechend fällt auch mein Ratschlag aus. In Phase 1, Verleugnung, ist die Botschaft »radikale Akzeptanz«. Sag es laut: Ich bin gescheitert! In Phase 2, dem Absturz in Depression und Verzweiflung, ist das Motto: Ins Tun kommen! Aktiv die Situation in Angriff nehmen. Ich vergleiche das oft mit dem Traum von einem Lottogewinn. Er wird stets ein Traum bleiben, wenn man den Schein nicht ausfüllt und abgibt. Genauso ist das mit dem Weg aus dem Scheitern. Man muss sich aufraffen. Und in Phase 3? Da gilt: Mut tut gut. Wage Mut! Und das immer wieder. Es wird wieder was auf die Nase geben, so viel ist sicher. Es wird wieder Herzblut vergossen werden. Dennoch ist Aufgeben keine Option. Nicht nur, weil der Spruch gilt: »Wer etwas wagt, kann verlieren. Wir nichts wagt, hat bereits verloren.« Vor allem ist Mut eines: eine Kardinaltugend. »Mut ist der Schrittmacher für alle anderen Tugenden. Ohne Mut sind [...] alle anderen Tugenden hinfällig. Was nützen Ehrlichkeit, [...] Klugheit, Gerechtigkeitssinn, Willensstärke [...], wenn im entscheidenden Moment [...] der Mut versagt?« (Dick, 2010, S. 60.)

Im Eingangskapitel habe ich festgestellt, dass wir als Kinder ein ganz unverschämtes Verhältnis zum Scheitern haben, etwa bis in die Schulzeit. Dann beginnt die konzertierte Entmutigungskampagne. Vielleicht müssen wir uns, um wieder Mut zu wagen, schlicht darin erinnern, dass wir eigentliche zeitlebens nichts anderes sind als »Kinder in einer alternden Haut« (Schoenaker, 2012, S. 74). Natürlich soll sich ein 50-Jähriger nicht benehmen wie ein 5-Jähriger. Es ist schon ganz gut, dass wir in unserer alten Haut nicht mehr hemmungslos in der Nase bohren oder in Wutgeheul ausbrechen, wenn der Tischnachbar ein größeres Stück Kuchen bekommt. Aber warum sollten wir nicht mit der gleichen Nonchalance ans Leben gehen? Mit unerschütterlichem Selbstbewusstsein? Mit Urvertrauen? Mit Leichtigkeit? Ausdauernd? Mutig? Stolz? Und warum sollten wir nicht mit Affenliebe an einem alten Koffer ohne Griff hängen, der die Schätze aus unserem Leben enthält? Vielleicht ein unvollständiges Auto-Quartettspiel, eine zerkratzte Schallplatte und ein wüstes Selbstporträt im Bademantel und mit zerknautschtem Gesicht? Für jeden anderen wertlos, aber dennoch für uns zu schade, um aufgegeben zu werden.

In meinem Koffer war übrigens auch noch ein Kärtchen aus der Zeit meines ersten inneren Dialogs und meiner Scheiter-Map, als meine kleine Wohnung zum Zwecke meiner Neu-Programmierung zur lebensgroßen Collage wurde. Ich kann mich nicht mehr erinnern, wo ich den Spruch gehört habe, es ist auch leider keine Notiz auf der Rückseite mit einer Quellenangabe. Aber ich mag ihn noch immer: »Wenn man ein Löwe ist, hat man nicht das Recht, wie ein Wurm zu kriechen.« So ist es.

INS TUN KOMMEN

Es kann gut sein, dass es in der Krise niemanden mehr gibt, der an Sie glaubt. Niemand würde auch nur noch einen Pfifferling auf Sie setzen oder die Hand für Sie ins Feuer legen. Umso wichtiger ist es, dass Sie das selbst tun. Akzeptieren Sie, wer Sie sind und wo Sie stehen. Machen Sie einen Punkt hinter das Geschehene. Es ist Vergangenheit. Hadern Sie nicht. Suchen Sie nicht nach Schuldigen. Denken Sie nur an Positives – und das ständig. Ich weiß, das ist schwer. Ich weiß es, weil es mir zunächst auch nicht gelungen ist, meine Situation zu akzeptieren. Ich muss zugeben, dass es mir relativ schwerfällt, mich an meine Emotionen am Tiefpunkt genau zu erinnern. Selbst wenn es mir gelingt, diese dunklen Emotionen wieder aufleben zu lassen, ist es unmöglich, sie zu beschreiben, diese tiefe Verzweiflung. Die Bilder, die man bemüht, sind dramatisch und doch nur ein Abklatsch, ein Schatten auf der Wand. Es fühlt sich an wie eine leere Stadt. Es fühlt sich an wie ein Schlachtfeld, auf dem es nicht einen einzigen Überlebenden mehr gibt. Wie Waterloo, Amselfeld, Thermopylen. Das Gefühl ist so unerträglich, dass man es ertränken muss, sich betäuben muss. Ich war niemals ein Mensch, der zu Suchtverhalten neigte. Aber auf dem Höhepunkt meiner Krise? Oh ja. Selbst bei Ablenkungen wie Ausflügen oder Urlauben kann man den Gedanken an das Scheitern nicht aussperren. Man kann nichts mehr genießen. Man kann auch für nichts mehr dankbar sein.

Alles fühlt sich an wie Almosen, Bittstellerei, Brosamen. Egal, wie uneigennützig und selbstlos gegeben, eigentlich gerade dann! Das Selbstwertgefühl ist im Keller. Man fühlt sich hilflos und lethargisch. Das Leben rauscht an einem vorbei. Es passiert woanders, aber nicht hier.

Machen Sie Ihre Positionsbestimmung zum Ausgangspunkt. Wofür? Für einen kompletten Neustart. Denn so sehr es auch danach aussehen mag – Ihr Leben ist nicht vorbei. Wohl aber das Leben, das Sie bisher kannten. Umso wichtiger ist, dass Sie es sich selbst sagen: »Ich weiß, wo ich stehe. Auf null. Wieder auf null.« In der Krise verfallen fast alle Menschen in Passivität. Sie lassen mit sich machen. Sie warten darauf, dass das Schicksal seinen Gang geht. Wie eine Schildkröte auf dem Rücken, ausgeliefert und bedroht, mit Todesangst. Ja, strampeln Sie sich ab. Winden Sie sich raus, lehnen Sie sich auf. Sie müssen wieder auf die Füße kommen und loslaufen. Sie sind dran! Und wie! Akzeptieren Sie, dass Sie allein sind, zumindest zunächst.

Sie müssen wieder auf die Füße kommen.

Lassen Sie sich nicht vom Mitgefühl und den Aufmunterungsversuchen lieber und wohlmeinender Menschen in Ihrem Umfeld täuschen, von den Schulterklopfern: Keiner von denen wird Ihnen helfen können. Das liegt in der Natur der Sache. Freunde, Familie, Kollegen, Geschäftspartner – sie alle sind von Ihrer Krise betroffen, sie leiden buchstäblich mit. Sie sind ebenso verunsichert und besorgt, ängstlich und abergläubisch wie Sie. »Wird schon nicht so schlimm kommen«, »Kopf hoch«, »Kommt Zeit, kommt Rat«, all diese Sätze werden Sie von ihnen hören, aber gemeint sind damit weniger Sie als die kleinlauten Egos der Mitreisenden in Ihrer Schicksalsgemeinschaft. Hoffnung ist keine Strategie, Optimismus keine Tugend.

Ich weiß, dass dieser Appell im krassen Gegensatz zu unserer angeblich so solidarischen Gesellschaft mit diversen sozialen Sicherungssystemen steht. Ich will diese auch nicht madig machen oder sie generell in Abrede stellen. Aber meine Erfahrung ist, dass durch die Tabuisierung des Scheiterns keine wirklich wirksame Hilfe gegeben ist, wenn es passiert. Die Sicherheit, in der wir uns wiegen, sie ist wie ein Placebo, Opium fürs Volk oder Brot und Spiele. Als Selbstständiger, der auch ein Selbstständiger bleiben will, so wie es bei mir war, werden Ihnen unentwegt Steine in den Weg gelegt, und keine kleinen. Wer unter den Bedingungen des deutschen Insolvenzrechts als Unternehmer wieder auf die Beine kommen will, der muss sich auf allerhand gefasst machen. Akzeptieren Sie, dass Sie allein am Zug sind. Und zwar jetzt und gleich und immerzu!

Für Erfolge muss man hart arbeiten, um aus einer Krise herauszukommen jedoch doppelt und dreifach so hart. Aber Achtung! Mit Arbeit ist nicht Aktionismus gemeint, nicht durchwachte Nächte zur Geburt von Hirngespinsten, nicht zinslose Darlehen ohne Rückzahlungsfrist von Mami und Papi, endlose Telefonate mit Ex-Kollegen, Ex-Freunden, Ex-Was-auch-immer. Mit Arbeit ist vielmehr das gemeint, was ich bereits beim Thema positives Denken beschrieben habe: penible Analyse, realistische Chancenabwägung, schnelle Entscheidung, präzise Planung und beherzte, zügige Umsetzung.

Damit Ihre mentale und emotionale Widerstandskraft nicht überfordert wird, müssen Sie rechtzeitig reagieren und beherzt wirksame Gegenmaßnahmen treffen. Schlagen Sie Sicherungshaken ein, sobald Sie merken, dass Sie auf unsicherem Terrain sind, und nicht erst, wenn Sie feststellen, dass Sie bereits abrutschen. Dann ist es zu spät. Herr Messner wäre da sicher meiner Meinung.

Was heißt das? Warten Sie zum Beispiel nicht, bis alles Geschirr zerschlagen ist oder Sie oder Ihr Partner oder beide schon eine Affäre haben. Gehen Sie zum Paartherapeuten, wenn Sie ein Paar sind, nicht erst dann, wenn Sie keins mehr sind. Oder: Sprechen Sie mit Ihrem Chef, wenn Sie merken, dass Sie wie eine Kerze sind, die an beiden Enden brennt, weil das Arbeitspensum zu hoch und die Motivation durch Ihr Projekt zu niedrig ist – und nicht erst dann, wenn für jeden offensichtlich ist, dass Sie ausgebrannt sind oder gar das Projekt vor die Wand gefahren haben. Oder: Verkaufen Sie Ihr zu teures Auto oder beenden Sie einen ungünstig hohen Leasingvertrag, bevor Sie sich Raten stunden lassen müssen oder bei der Bank zu Kreuze kriechen müssen. Bleiben Sie Herr der Lage und behalten Sie das Heft in der Hand. Nicht nur erledigen Sie damit Ihre Probleme und verschaffen sich Luft. Sie generieren aus diesem souveränen Umgang mit der Krise auch Selbstvertrauen. Ein unschätzbares Gut, gerade wenn Sie unwegsames Gelände vor sich haben.

Scheitern und der Weg danach rauben viel Kraft, aber auch Ressourcen, den schnöden Mammon. Wenn Sie einmal Schulden in substanzieller Höhe haben, müssen Sie rund doppelt so viel verdienen wie zuvor, um sie wieder zu tilgen! Das Gleiche gilt, wenn Sie eine Scheidung hinter sich bringen. Plötzlich ist jeder verdiente Euro nur noch 50 Cent wert. Wenn Sie schwer erkranken, gilt das erst recht. Das Vertrauen, das wir in guten Zeiten in das Leben haben – darin, dass es schon gelingen werde –, es ist so rapide aufgezehrt, wenn der Weg holprig wird. Warten Sie also nicht auf einen Startschuss durch andere, sondern legen Sie selbst los. Beginnen Sie mit Analyse und Chancenabwägung für Ihren neuen Weg, treffen Sie die notwendigen Entscheidungen und kommen Sie ins Tun.

Behalten Sie das Heft in der Hand.

ACHTSAMKEIT

Tut man sich einen Gefallen, ein Kapitel eines Buches, das den Verstand und das mutige Tun feiert, mit dem Begriff »Achtsamkeit« zu überschreiben? Ich tue es dennoch. In der Tat ist es der Achtsamkeit nicht gut ergangen, seit man sie (wieder-)entdeckt hat. Sehr rasch war der Aufstieg zum Modebegriff. Achtsamkeit war in aller Munde. Ebenso jäh war der Absturz. Wie bei allen modischen Begriffen üblich, basierte der Hype nicht auf einem echten Erkenntnisprozess, sondern einer Schnelldiagnose. Zudem versteht jeder unter Achtsamkeit, was ihm / ihr gerade passt. Der Begriff ist leider im Deutschen derart amorph, dass er fast alles und jedes zulässt. Zudem wird er der Gefühlswelt zugeordnet. Entsprechend wird Achtsamkeit oft in Zusammenhang mit Stressbewältigung, Konzentrationsübungen oder interpersonellen Problemen als Methode genannt, auch als Meditationstechnik. Das kann so sein, muss aber nicht.

Dem Kern der Sache kommt man näher, wenn man schaut, wie das komische Ding in anderen Sprachen heißt. Im Englischen zum Beispiel benutzt man das Wort »mindfulness«. Darin steckt »mind«, also Geist oder Verstand. Der Begriff beschreibt einen Zustand, in dem unser Geist die Oberhand hat, nicht Gefühle, nicht Instinkte, nicht kulturell oder personell vorgefertigte Konzeptionen wie Vorurteile oder Erwartungen. Vor allem geschieht Achtsamkeit immer im gegenwärtigen Moment. Sie bezieht weder Vergangenheit noch Zukunft mit ein. Es handelt sich um einen klaren Bewusstseinszustand, der es ermöglicht, Erfahrungen wahrzunehmen, ohne sie sogleich zu bewerten.

Achtsamkeit ist eine bewusst herbeigeführte innerliche Distanznahme, als trete man zurück, um nur zu beobachten, unter anderem auch sich selbst. Achtsamkeit reduziert gewohnheitsmäßige automatische und unbewusste Reaktionen, was zu einem hohen Maß an situationsadäquatem, authentischem und selbstbewusstem Handeln führt. Ich vergleiche Momente der Achtsamkeit mit einer Kamera, die auf die Weitwinkelperspektive eingestellt ist. Man fokussiert nicht auf einen gewissen Punkt, sondern lässt alles auf die

Linse treffen, was da ist, ohne Vorauswahl. Kurz gesagt: Achtsamkeit ist maximale Konzentration bei maximaler Lockerheit.

Warum halte ich Achtsamkeit für so unerlässlich, um mit Scheitern umzugehen? Neben dem enormen Vorteil, dass Achtsamkeit nicht mit vorgefertigten Konzepten und Schablonen davon, was sein muss oder soll, arbeitet und auch nicht (ver-)urteilt, lässt sie eine weite Perspektive zu. Eine Perspektive auf alle Möglichkeiten, die uns die Situation bietet. Damit ist sie ein Weg zur Erkenntnis, der in unserem Sein sehr viel angemessener ist als die ständige Suche nach dem, was wir sind / sein sollen. Achtsamkeit ist die Voraussetzung für uns, zu werden, was wir sein wollen. Achtsamkeit gibt uns immer wieder alle Chancen, sogar die, die wir schon einmal vergeigt haben. Solange wir leben (und Achtsamkeit üben), werden die Karten immer wieder neu gemischt. Solange wir leben, besteht die Chance, ein Ass zu ziehen.

Wie die Weitwinkelperspektive einer Kamera.

EIN WEG ENTSTEHT, INDEM MAN IHN GEHT

Wir kommen auf diese Welt mit einer Fülle an Möglichkeiten. Wenige haben nur ein Talent, nur einen Traum, nur einen Antrieb. Relativ schnell aber fällt die Entscheidung, was wir werden wollen oder sollen. Die anderen Potenziale verkümmern im Keim. Ist man jedoch mit der einen Option, die ursprünglich favorisiert wurde, gescheitert, kommen andere Entwürfe wieder ins Spiel. In der Krise kommt es darauf an, ob diese Keime noch Leben in sich haben und unter ein wenig Hege und Pflege sprießen könnten. Wenn das der Fall ist, ist das Scheitern verkraftbar. Dann ist es bloß eine Option weniger.

Gescheiterte haben bloß eine Option weniger.

Mithilfe der im dritten Kapitel beschriebenen Methode des Helikopterblicks und der Scheiter-Karten können diese alternativen Entwürfe skizziert werden und anhand dessen, was Sie im Scheitern über sich gelernt haben, auf ihre Tragfähigkeit überprüft werden. Welche Route könnte Sie weiterführen? Was braucht es dafür? Können und wollen Sie das aufbringen? Mit wem können Sie das schaffen? Mit wem nicht? Diese Arbeit ist enorm anstrengend, denn sie braucht Herz, Hirn und Hand gleichermaßen. Sie braucht Verstand und Fantasie, Mut und Ehrlichkeit gegenüber sich selbst und anderen Menschen, Tatkraft und Ausdauer. Übrigens: Je detailreicher Sie das Bild von Ihrem neuen Ziel gestalten, desto besser. Je farbiger es ist, desto mehr Anziehungskraft hat es schließlich auf Sie. Je erstrebenswerter es scheint, desto mehr Lust haben Sie, sich sofort daran zu machen, es zu erreichen.

Es gibt jede Menge zu tun in der Krise. In der Rückschau werden Sie mit ziemlicher Sicherheit feststellen, dass Sie noch nie in Ihrem Leben so viel gearbeitet haben wie damals, als es vermeintlich zu

Ende war. Das liegt auch daran, dass Sie Neuland betreten werden. Über sogenannte mäandernde Lebensläufe, mit Brüchen, Auszeiten oder Lücken wird oft gelächelt oder sogar die Nase gerümpft. Sie sind nicht stromlinienförmig, konsequent oder nachvollziehbar. Man muss schon an ein besonders aufgeschlossenes und abgeklärtes Exemplar Mensch geraten, damit diese Schlangenwege als das erkannt werden, was sie sind: Ausdruck eines gelebten Lebens, eines tüchtig gelebten Lebens, denn sie beweisen die Flexibilität, Selbstbehauptungskraft und Integrität der Persönlichkeit, die diesen Weg gegangen ist. Sollten Sie an ein solch seltenes Exemplar geraten, könnte das eventuell Ihr Co-Pilot sein (s. Kap. 3).

Mäandernde Lebensläufe sind Ausdruck eines gelebten Lebens.

Auf Neuland traut Ihnen zunächst keiner etwas zu, nicht zuletzt Sie selbst nicht. Daher ist es wichtig, schnell ins Tun zu kommen. Sie müssen die ersten Meilensteine hinter sich bringen und kleine Etappensiege auf dem neuen Weg einheimsen. Nutzen Sie die natürliche Dynamik, die in Neuanfängen steckt. Sie haben ein neues Ziel und brennen darauf, es anzugehen. Warum warten? Wenn es Dinge gibt, bei denen Sie vom Tun oder den Entscheidungen anderer Leute abhängen, machen Sie in der Wartezeit etwas anderes, aber etwas, das zur Zielerreichung beiträgt. Und vergessen Sie nicht, sich für jede zurückgelegte Strecke zu belohnen (s. Kap. 3)!

Nichts ist eindimensional, auch nicht wir Menschen. Das heißt, es gibt nicht nur das eine Talent, den einen Traum, das eine Ziel. Wir haben stets mehr als eine Option. Werden Sie sich all Ihrer anderen Optionen bewusst. Dann erkennen Sie, dass das eine Ziel, an dem Sie gescheitert sind, nur eine Option unter vielen ist. Das Scheitern ist also verschmerzbar. Setzen Sie sich ein neues Ziel, malen Sie sich aus, wie Sie dahin gelangen können, in allen Details, visualisieren Sie es. Und nutzen Sie die Dynamik des Augenblicks zum Aufbruch. Nichts aufschieben. Gefahr ist im Verzug!

DIE FAIL-FORWARD-STRATEGIE

All Ihr Scheitern wäre übrigens vergebens, wenn es Sie nicht daran erinnerte, was sein Wesen ist: Lernen. »Sometimes you win, sometimes you learn« ist das Motto der seit 2012 gefeierten Fuck-up-Nights, die ich bereits im vierten Kapitel beschrieben habe. Von Mexiko ausgehend werden Fuck-up-Nights inzwischen überall auf der Welt veranstaltet. Manchmal gewinnt man, manchmal lernt man. Die Organisatoren dieser Events nehmen mir damit das Wort aus dem Munde. Ist es wohl ein Zufall, dass die Abkürzung der Fuck-up-Nights FUN ist, also »Spaß«? Ich bin nicht abergläubisch, aber in diesem Falle kann man der Symbolik durchaus etwas abgewinnen. Das heißt, in der intellektuellen Verarbeitung Ihres Scheiterns dürfen Sie quasi kindlich vorgehen – und mit Leichtigkeit sowie einer guten Portion (Selbst-)Ironie.

Hingefallen? Wieder aufstehen und anders versuchen! Wieder nichts? War der Versuch besser oder schlechter? Überlegen. Dann wieder versuchen! Es geht um konsequente Lernprozesse. Es geht um Lernprozesse, die Sie tatsächlich besser machen, nicht bloß vorsichtiger ... oder ängstlicher (wie es bei uns großen Leuten meist der Fall ist). Konsequent heißt in dem Falle auch bewusst und regelmäßig. Üblicherweise vermeiden wir die Auseinandersetzung mit unserem Versagen allzu gern und verdrängen es. Ein kleines Kind lernt das Laufen nicht bewusst und erkenntnisgeleitet, sondern erlebnisgeleitet. Das ist der Unterschied zu den Lernprozessen bei uns Erwachsenen. Wir können uns dazu zwingen, uns unseren Niederlagen zu stellen, sogar systematisch. Das ist die Grundvoraussetzung für die Fail-forward-Strategie.

Manchmal gewinnt man, manchmal lernt man.

Scheitere vorwärts, immer voran. Klingt komisch, nicht wahr? Das ist der Grund, warum ich den englischen Begriff »fail forward« vorziehe, abgesehen von der schönen Lautgleichheit am Anfang der Wörter. Man könnte es übersetzen als »besser scheitern«, allerdings fehlt mir dabei der strategische, bewusst wollende Impetus. Besser scheitern klingt mir zu zufällig, zu sehr nach ersten Versuchen auf Rollschuhen oder dem Surfbrett. Und was ist schon besser, wenn das Leben einem Zitronen schickt? Ist Limonade besser? Sie ist wenigstens eines: schmackhafter, denn sie ist süßer. Also haben Sie Ihren Verstand und Ihre Kreativität eingesetzt, um etwas zu schaffen, was Ihnen mehr zusagt. Sie haben das Scheitern genutzt, um voranzukommen, für sich selbst etwas herauszuschlagen. Vorwärts oder voran scheitern bedeutet, zwar zu reagieren auf eine Niederlage, aber mit dem Vorsatz, einen Vorteil zu gewinnen.

Außerdem muss man wohl oder übel dem Umstand Rechnung tragen, dass die coole Attitüde gegenüber dem Scheitern heute vor allem eine ist, die im englischsprachigen Raum anzutreffen ist, vor allem in den USA, und da insbesondere in der Entrepreneurs-Kommune im kalifornischen Silicon Valley. Wer die Fail-forward-Strategie verstehen und sozusagen am lebenden Objekt studieren möchte, ist dort richtig. Zitat von Damian Izdebski, der in Österreich mit einem anfänglich enorm erfolgreichen Unternehmen letztlich krachend gescheitert war und in Kalifornien, wo er – sage und schreibe! – daraufhin zu einer Vortragsreihe eingeladen war, dies zu hören bekam: »[...] die größten Chancen auf Kapital von Investoren haben Unternehmer, die sowohl Erfolge als auch Pleiten in ihrer Laufbahn erlebt haben. Einer [...] sagte mir, jetzt wäre ich erst als Unternehmer ›vollständig‹.« (Izdebski, 2015. S. 58.) Scheitern als Voraussetzung für Vollständigkeit, das klingt unglaublich. Auch der eben Zitierte dachte dann bei sich: »Na ja, als ›unvollständiger Unternehmer‹ ist es mir besser gegangen.« (Ebd., S.59.) Das glaube ich ihm unbesehen.

Scheitern als Voraussetzung für Vollständigkeit?

Das Problem liegt in der mangelnden Fehlertoleranz. In der Intoleranz gegenüber unseren eigenen Fehlern und denen anderer

Menschen, die uns anerzogen ist. Wer die Fail-forward-Strategie verfolgen möchte, muss damit zuallererst Schluss machen. Am besten fängt man im Kleinen an. Das Zauberwort heißt wieder Achtsamkeit. Viele benutzen es als Synonym für Aufmerksamkeit, aber das ist nicht korrekt. Achtsamkeit bedeutet, jeden Moment so zu leben, als wäre er der einzige Moment – oder der letzte. Achtsamkeit kennt keine Routinen, Reflexe, Vorurteile. Eigentlich auch wenig Emotionen, außer einer generellen Freundlichkeit gegenüber allem und jedem. Achtsamkeit ist höchste Konzentration auf das Leben bei gleichzeitig maximaler Gelassenheit gegenüber seinen Überraschungen.

Hören Sie auf, sich über Petitessen zu ärgern. Beschimpfen Sie beispielsweise nicht den Autofahrer vor Ihnen, der die grüne Ampel nicht sieht. Hupen Sie nicht laut, sondern nur kurz freundlich, quasi ein Anstupser unter Schicksalsgenossen im Straßenverkehr. Wenn er ein ebenso kluger Fehlertoleranter ist wie Sie, bedankt er sich vielleicht sogar. Sie könnten noch lässig zurückwinken. Das fühlt sich so gut an, glauben Sie mir. Noch ein Beispiel: Lassen Sie sich nicht von einem an der Netzkante hängengebliebenen Volley aus der Fassung bringen. Eventuell sogar so sehr, dass Ihnen gleich der nächste Schlag auch noch misslingt. Schütteln Sie nur den Kopf über sich, denken Sie darüber nach, was Sie falsch gemacht haben, üben Sie den Schlag ein- oder zweimal trocken und nehmen Sie dann das Spiel wieder auf. Ich halte jede Wette, jetzt klappt es. Oder eben beim nächsten Mal.

Bleiben Fehler hartnäckig, hilft auch hier eventuell eine Visualisierung oder Verschriftlichung. Wenn Sie ein Mensch sind, der in Bildern denkt oder Beispiele braucht, um etwas zu verstehen, malen Sie sich eine kleine Skizze. Sind Sie eher der verbale Typ, schreiben Sie es auf, eventuell in einem witzigen Bonmot oder Reim. Bringen Sie diese an Stellen an, wo Sie sie häufig sehen oder genau in dem Moment, da Sie sich unbedingt daran erinnern sollten. Wenn Sie den Fehler bewältigt haben, kann das Zettelchen verschwinden. Aber nicht wegwerfen! Schaffen Sie sich einen dieser altmodischen Zettelkästen an. Schleicht sich der Fehler wieder ein, wird der Zettel wieder rausgezogen und hingehängt.

An der Fehlertoleranz im Kleinen üben Sie, wie es geht. Dann sind Sie bald fit für die Fehlertoleranz im Großen. Da gehen Sie genauso vor. Visualisieren oder verschriftlichen Sie die Fehler, die zum Scheitern geführt haben. Checken Sie sie regelmäßig. Wenn Sie feststellen, dass Sie sie im Griff haben, kann die Notiz einstweilen ganz hinten in Ihrem Zettelkasten verschwinden. Erwischen Sie sich wieder bei demselben Fehler, kommt sie wieder hervor. Sie können sich auch ein wenig selbst auf den Arm nehmen und eine Liste Ihrer »liebsten« Fehler aufstellen, Ihrer »Fehlerfavoriten«. Das wäre das Gegenstück zur Liste Ihrer Talente (s. Kap. 3).

Listen Sie Ihre liebsten Fehler auf!

Was bringt das? Sie lernen, wie oft Sie Fehler machen. Sie lernen, dass Sie sogar öfter Fehler machen als alles richtig. Sie lernen, dass man dies ändern kann. Aber nicht mit Wut, Druck oder Selbstbetrug, sondern mit intellektueller Verarbeitung, Geduld und Demut. Wenn Sie das verinnerlicht haben, können Sie diese Fehlertoleranz sogar andere Menschen lehren. Entweder aus Altruismus, weil Sie einfach ein netter Typ sind, oder weil Sie stolz sind auf Ihr persönliches Wachstum und Ihre charakterliche Größe zeigen wollen. Oder beides. Egal wie, nur zu! Es gibt wahrhaftig Schlimmeres.

Fail-forward-Strategie, Fehlertoleranz, Fehlerfavoriten: All die Wortakrobatik hat den einen Sinn, zu unterstreichen, dass es um einen intellektuellen, verstandesgeleiteten Prozess geht, wenn wir mit unserem Scheitern umgehen wollen. Rationalität schlägt Emotionalität. Sie müssen rauskommen gegenüber den anderen. Offenheit schlägt Einsamkeit. Ihre Frage muss lauten: »Wie bringt es mich voran?« Und zwar nicht bloß zufällig, sondern weil Sie aus den vorangegangenen Fehlern gelernt haben. Das ist das Prinzip von »fail forward«. Es geht nicht nur darum, besser zu scheitern, sondern gescheit zu scheitern.

Und dann ist da noch die schöne Ähnlichkeit zwischen »fail forward« und »fast forward«. Kennen Sie sie noch, die FF-Taste an allerlei Abspielgeräten, zum Beispiel am guten alten Kassettenrekorder aus Kindertagen? Sie hat sich mehr oder weniger in dieser Form gehalten bis zu den heutigen MP3-Playern. Fail forward kann auch fast forward sein: ein Schnellvorlauf, der auslässt, was nicht hilfreich, relevant oder schlicht lästig ist. Denn es gibt Fehler und Fehler. Es gibt Fehler, die geschehen aus mangelnder Konzentration, mangelnder Motivation oder schlicht Überheblichkeit. Im Sport nennt man solche Fehler »leichte Fehler«; nicht weil sie weniger schädlich sind, sondern weil sie leicht zu vermeiden wären. Sie sind peinlich, weil fahrlässig, und gehören unbedingt abgestellt. Fehlertoleranz ist auch hier geboten, aber nur einmalig. Im Sinne von abstellen, vergeben und vergessen. Diese Fehler lässt man zukünftig aus, denn sie bringen niemanden voran. Statt »fail forward« heißt es hier »fast forward«.

Und dann gibt es Fehler, die aus anderen Gründen passieren: Fehler aus Unerfahrenheit, aus Arglosigkeit, aus Emotionalität, aus zu hohem Druck, Arbeits- oder Erwartungsdruck, oder schlicht aus Mangel an Informationen oder Kenntnissen. Diese Fehler sind im Moment zwar ebenso schädlich, schmerzlich und peinlich wie die sogenannten leichten, aber sie erfüllen eine Funktion. Sie lassen uns lernen, was nicht geht, aber sie zeigen auch, was gehen könnte und wie. Siehe oben: Nicht »Alles geht!«, sondern »Da geht noch was!«. Solche Fehler vergibt man, aber man vergisst sie niemals. Denn Sie sind uns hilfreiche Leitplanken und Leuchtfeuer auf unserem Weg voran. Das ist mehr als Fehlertoleranz. Es ist Fehlerkultur.

Fehlerkultur ist mehr als Fehlertoleranz.

Auf dieser Fehlerkultur baut die gesamte Wissenschaftslandschaft auf. Zur Erinnerung: Dort heißt sie Trial and Error, Versuch und Irrtum. Auf dieser Fehlerkultur baut die gesamte Kunstszene auf

(Beckett: »Ever tried. Ever failed. No matter. Try again. Fail again. Fail better.«). Auf dieser Fehlerkultur bauen schließlich auch die erfolgreichsten Unternehmen der Welt auf. 3M, der US-amerikanische Multikonzern und nicht zufällig einer der beliebtesten Arbeitgeber auf der ganzen Welt, hat gar ein ganzes Manifest zu Fehlerkultur.

Warum dann nicht wir? Warum dann nicht Sie? Warum gibt es keine Fehlerkultur für das Scheitern im Individuellen? Ich stelle die These auf: Weil wir unserem Scheitern nicht mit dem Verstand begegnen, sondern nur mit Gefühlen, und zwar leider ausschließlich dunklen, negativen. Natürlich gehören Emotionen zum Menschen. Ich will sie daher weder kleinreden noch gänzlich abgeschaltet wissen in der Auseinandersetzung mit unserem Scheitern. Aber ich möchte dem Diskurs über das Ob und Wie der Resilienz, also der mentalen Widerstandsfähigkeit, einen neuen Beitrag zufügen.

Stehaufmännchen und Stehaufmädchen sind nicht nur deshalb so überlebensfähig, weil sie von Hause aus emotional ausgeglichen und seelisch gefestigt sind durch affirmativen Zuspruch, persönliche Bindungen und ein nicht zu erschütterndes Grundvertrauen in ein grosso modo sicheres und gerechtes Dasein. Mental widerstandsfähige Menschen sind vor allem zu einem fähig: zur verstandesgeleiteten Bewältigung und intellektuellen Durchdringung der schwierigsten und emotional aufrührendsten Situationen.

Resilienz ist kein seelisches Phänomen, sondern eine intellektuelle Technik. Insofern würde ich weder denjenigen zustimmen, die meinen, sie sei quasi wie ein Talent in die Wiege gelegt, noch denen, die behaupten, sie sei irgendwie erlernbar. Resilienz ist sicherlich herstellbar. Aber: Sie muss immer wieder aufs Neue generiert werden, in jeder neuen Krise, durch verstandesgeleitetes und systematisches Tun. Resilienz entwickelt man durch den unbedingten Willen, diese Niederlage zu überleben. Die Methode ist eine der Selbstbehauptung, der Selbstermächtigung gegenüber der kulturell bedingten Tabuisierung des Scheiterns und der Gescheiterten. Das Handwerkszeug dazu kann Ihnen hoffentlich dieses kleine Buch geben.

Scheitern heißt lernen und im Falle der Fail-forward-Strategie konsequent lernen, also bewusst und systematisch. Zielsetzung der Strategie ist es, auf Scheitern zu reagieren, aber mit dem Vorsatz, einen Vorteil daraus zu gewinnen. Die Voraussetzung dafür ist Fehlertoleranz, bei sich selbst und bei anderen Menschen, im Kleinen wie im Großen. Diese Technik des »gescheiten Scheiterns« baut nicht nur auf Fehlertoleranz, sondern auf Fehlerkultur auf, das heißt, Fehler, die eine Funktion für das Vorankommen erfüllen, werden in Kauf genommen.

Scheitern heißt konsequent lernen.

Wie Sie im Laufe der Lektüre sicherlich bemerkt haben, meide ich das Wort »Erfolg« beinahe so sehr wie der Teufel das Weihwasser. Nicht, dass ich Erfolg nicht mag. Aber wir tanzen um diesen wie um ein goldenes Kalb. Wir sind besessen vom Erfolg. Wo andere erfolgreich sind, wollen wir wissen, warum. Wo andere über ihren Erfolg sprechen, wollen wir sie kopieren. Wir neiden anderen sogar gelegentlich ihren Erfolg. Selbst wenn vom Scheitern die Rede ist, ist der Erfolg nie weit. Schauen Sie sich nur die Literaturliste am Ende dieses Buches an. »Aufwärtsspirale« heißt eines, und natürlich führt es den Erfolg im Untertitel. »Senkrechtstarter« ein anderes, auch mit Erfolg im Untertitel, sogar dem »größten«. »Lässig scheitern« ist »das Erfolgsprogramm für Lebenskünstler«. Bitte nicht falsch verstehen! Ich würde diese Bücher nicht zitieren, wenn ich nichts von ihnen hielte. Es sind gute Bücher, wenigstens in Teilen. Aber sie sind besessen vom Erfolg. Für einen Gescheiterten oder eben noch Scheiternden halten diese Bücher fast nichts bereit. Im Gegenteil: Sie sind Überforderung und Zumutung. Wer den ganzen Tag gegen Bedrohungen gekämpft hat, seine gesamte Kraft ins Überleben gesteckt hat, braucht bloße Handreichungen, die kleinste Dosis, die ihn über den nächsten Tag bringt. Er braucht Alltagstauglichkeit und Beratung auf Augenhöhe. Kompendien über Erfolg sind da das Letzte, was hilft. Die tödliche Dosis quasi. Also: Seien Sie nicht erfolgsbesessen, sondern fehlerbesessen! Fail forward!

ZURÜCK AUF LOS!

Warum ein Kapitel, tatsächlich sogar das letzte und damit nicht unwichtigste, über so etwas relativ Triviales und Selbstverständliches wie den Neustart? Ganz einfach: Der Neustart nach einem Scheitern ist nicht trivial und selbstverständlich. Es gibt im Wesentlichen drei Formen, wie uns Scheitern zurücklässt, drei Versionen der Veränderungskurve. Die erste ist der totale Absturz. Die zweite ist das glückliche Überleben. Man fängt sich irgendwie, vielleicht in einem anderen Job oder mit einem anderen Menschen. Erwartet weniger vom Leben, wird bescheidener, gibt sich zufrieden mit dem, was noch bleibt. Wenn es Menschen gelingt, eine Krise zu überleben, wie auch immer, so zieht es sie instinktiv zu einem »Weiter so«. Man geht zurück zur Tagesordnung, tut so, als sei nichts gewesen. Man meint, dass man irgendwie doch Glück gehabt hat, trotz allem. Man setzt sein Leben einfach irgendwie fort. Das ist menschlich verständlich, aber auch zutiefst tragisch. Man kerkert sich freiwillig ein in sein »Erfahrungsgefängnis« (Kolbusa, 2014, S. 135).

Der Neustart ist nicht selbstverständlich.

Aber ein Scheitern, das den Namen verdient, ist ein Bruch, den man nicht heilen kann, eine Zäsur, die sich nicht kitten lässt. Scheitern ist ein Ende, das keine Fortsetzung verspricht. Es braucht einen Neustart. Wer das begreift, hat die Chance, die dritte Version der Veränderungskurve zu erleben, den Aufstieg zu neuen Höhen, auf andere Gipfel.

Gewöhnen Sie sich daran, Ihr Leben in die Zeit davor und danach einzuteilen. Je nachdem, wie oft Sie gescheitert sind, werden sich bestimmte Epochen voneinander abgrenzen. Phasen in Ihrem Leben, die durch das jeweils Erlebte geprägt sind, das Sie als einen veränderten Menschen zurückgelassen hat. Es gibt keinen vernünftigen Grund, dies zu negieren. Es gibt erst recht keinen, sich dafür zu schämen. Ein Neustart bedeutet, mit der Vergangenheit abzuschließen, sie ruhen zu lassen. Es führt kein Weg dahin zurück. Also können Sie die Verbindungen dahin kappen. Der Blick geht nach vorn. Alle Konzentration auf das Neue. Alle Kraft für das Leben, das noch vor Ihnen liegt. Und ist es nicht so, dass Knochen an den Stellen, wo sie mal gebrochen waren, viel stärker sind, wenn sie weder zusammenwachsen?

»When life sends you lemons ...« Das Leben hat Ihnen Zitronen geschickt. Sie haben Limonade daraus gepresst. Sie haben sich der Situation gestellt und etwas daraus gemacht, nicht irgendetwas, sondern etwas, das Sie weiterbringt. Limonade schmeckt süßer, hält sich länger, ist besser lagerbar und lässt sich sogar weiterverkaufen. Sie haben des Produkt Zitrone veredelt. Und da dies eine Metapher ist: Sie haben Ihr Leben veredelt. Warum sollte man das verschweigen wollen? Warum wollen Sie plötzlich kein Limonadenfabrikant mehr sein, wenn es wieder süße Äpfel gibt?

Sie haben Ihr Leben veredelt.

Die Brüche und Zäsuren in Ihrem Leben sind keine hässlichen Kratzer in einer sonst perfekten Marmorplatte. Die Brüche und Zäsuren sind Strukturen und Muster, ein Relief auf der Wand, das die einzigartige und spannende Geschichte Ihres Lebens erzählt. Vertrauen Sie den Menschen, die sich schon einmal damit befasst haben, ihre Memoiren zu schreiben. Sie alle berichten dasselbe: Es ist ziemlich schwer, sich an die glücklichen Zeiten zu erinnern. Was bleibt, sind die Erinnerungen an die schwierigen Phasen. So zum Beispiel Konstantin Wecker, der auch schon zu Beginn dieses Buches zu Wort kam. Er stellt fest, dass ihm Niederlagen am besten erinnerlich sind. Ein guter Freund von Konstantin Wecker war Dieter Hildebrandt. Als er ihm berichtete, er wolle ein Buch namens »Die Kunst des Scheiterns« schreiben, sagte Hildebrandt, er werde doch nicht den Fehler machen wollen, etwas zu beichten, was er lieber für sich behielte. Wecker verneinte. »›Ich habe nichts zu beichten, was man nicht schon irgendwo gelesen hätte.‹ ›Aber warum schreibst du dann über deine Niederlagen?‹ ›Weil sie mich weitergebracht haben, weit mehr als alles, was mir geglückt ist!‹ ›Also schreibst du doch ein Buch über deine Erfolge!‹« (Wecker, 2007, S. 13.) Dieter Hildebrandt konnte eben keiner etwas vormachen, auch kein Konstantin Wecker.

Aber Wecker hatte einen sehr guten Grund dafür, es für gefährlich zu halten, »dass das Scheitern derart ausgeklammert wird aus der Biographie des modernen Menschen, als wäre es anstößig und unmoralisch, als ginge es immer darum, zu den Gewinnern zu gehören [...]. Wir verlieren dadurch den selbstverständlichen Umgang mit unserer eigenen Geschichte und verschenken die Chance, wirklich erwachsen zu werden.« (Ebd.) In meinen Worten: Wir verschenken die Chance auf persönliches Wachstum und bringen uns zudem um das Abenteuer, uns selbst kennenzulernen.

Biografien entstehen nicht im Windkanal, sie sind niemals stromlinienförmig. Der Mensch ist nicht wie ein Fels, den Wind und Wasser abschleifen, bis er eine Form hat, die ihre Bewegung abbilden, aber nicht seine. Der Mensch ist wie ein Wasserlauf, der sich seinen Weg sucht, mal stürmisch fällt und rauscht, mal im Boden verschwindet, mal große Schleifen um Berge zieht oder sich zu Seen aufstaut. All diese Flussabschnitte haben ihre Gründe und ihre Entstehungsgeschichte, all diese Flussabschnitte haben ihren Reiz.

Feiern Sie jeden Neustart!

Begrüßen und feiern Sie daher jeden Neustart laut und ausgelassen mit allen daran Beteiligten! Er ist nichts weniger als ein neues Bild im Relief Ihrer Lebensgeschichte – und noch dazu eines, das Sie selbst noch nicht kennen. Wie spannend ist das denn, bitte?

AUF EINEN BLICK

- Wer scheitert, ist zunächst allein. Es ist wichtig, selbst aktiv zu werden, nach vorn zu schauen und sich aus der Krise herauszuarbeiten.
- Hilfreich ist Achtsamkeit: eine bewusst herbeigeführte innerliche Distanz, die einen klaren Blick auf die eigene Situation erlaubt. So werden Möglichkeiten erkennbar.
- Jeder Mensch hat mehrere Talente, eine Fülle von Möglichkeiten. Im Scheitern ist nur eine Option verloren gegangen, es gibt noch viele andere.
- Lebensläufe mit Kurven und Brüchen sind Ausdruck eines gelebten Lebens. Sie zeugen von Flexibilität, Selbstbehauptungskraft und Integrität.

- »Manchmal gewinnt man, manchmal lernt man«, lautet das Motto der sogenannten Fuck-up-Nights. Es lässt sich verstehen als ein Plädoyer für Fehlertoleranz und Fehlerkultur.
- Resilienz ist kein seelisches Phänomen, sondern eine intellektuelle Technik. Entscheidend ist dabei die Fähigkeit, schwierige und emotional aufrührende Situationen verstandesgeleitet zu bewältigen und zu durchdringen.
- Scheitern bedeutet konsequentes Lernen. Wir sollten nicht erfolgsbesessen, sondern fehlerbesessen sein.
- Der Neuanfang nach dem Scheitern ist keine Selbstverständlichkeit. Begrüßen und feiern Sie ihn!

TEST: MEINE INNEREN ANTREIBER

Das Modell innerer Antreiber kommt aus der Transaktionsanalyse, die unter inneren Antreibern elterliche Forderungen versteht, mit denen konventionelle, kulturelle und soziale Vorstellungen verbunden sind. Als Eltern-Gebote haben diese Botschaften für Kinder einen Absolutheitscharakter, der nicht angezweifelt wird, denn ihre Nichteinhaltung könnte zur Folge haben, nicht mehr geliebt zu werden.

Erst im Erwachsenenalter haben wir die Möglichkeit zu erkennen, dass es Alternativen zu den elterlichen Botschaften gibt. Zu diesem Zeitpunkt haben sich diese Botschaften jedoch schon stark im Unterbewusstsein verankert. Unbewusst versuchen wir daher auch als Erwachsene, im Privat- wie im Berufsleben die Forderungen der Gebote zu erfüllen, als ob wir unter einem geheimen Zwang ständen.

Mithilfe des nachfolgenden Tests können Sie die Ausprägung der einzelnen Antreiber ansatzweise herausfinden. Stark ausgeprägte Antreiber (ab ca. 30 Punkten) können eine Eigendynamik entwickeln, sie kontrollieren immer stärker die innere Einstellung und das Verhalten: Man treibt sich selbst immer stärker an, um zu mehr Erfolg und Anerkennung zu kommen, erreicht aber eher nur mehr Stress (bei sich und anderen) und damit das Gegenteil von dem, was man sich erhofft. Über einer Höhe von ca. 40 Punkten können sich Antreiber sogar gesundheitsgefährdend auswirken.

Beantworten Sie die Aussagen dieses Tests bitte so ehrlich und spontan wie möglich mithilfe der Bewertungsskala (1 bis 5), so wie Sie sich im Moment in Ihrer Berufswelt selbst sehen.

		trifft gar nicht auf mich zu			**trifft völlig auf mich zu**	
01	Wenn ich eine Arbeit mache, dann mache ich Sie gründlich.	1	2	3	4	5
02	Ich fühle mich dafür verantwortlich, dass diejenigen, die mit mir zu tun haben, sich wohlfühlen.	1	2	3	4	5
03	Ich bin ständig auf Trab.	1	2	3	4	5
04	Anderen gegenüber zeige ich meine Schwächen nicht gern.	1	2	3	4	5
05	Wenn ich raste, roste ich.	1	2	3	4	5
06	Häufig nutze ich Sätze wie: »Es ist schwierig, das so genau zu sagen.«	1	2	3	4	5
07	Ich sage oft mehr, als eigentlich nötig ist.	1	2	3	4	5
08	Ich habe Mühe, Leute zu akzeptieren, die nicht genau sind.	1	2	3	4	5
09	Es fällt mir schwer, Gefühle zu zeigen.	1	2	3	4	5

10	»Nur nicht locker lassen« ist meine Devise.	1	2	3	4	5
11	Wenn ich eine Meinung äußere, begründe ich sie auch.	1	2	3	4	5
12	Wenn ich einen Wunsch habe, erfülle ich ihn mir schnell.	1	2	3	4	5
13	Ich liefere einen Bericht erst ab, wenn ich ihn mehrere Male überarbeitet habe.	1	2	3	4	5
14	Leute, die »herumtrödeln«, regen mich auf.	1	2	3	4	5
15	Es ist mir wichtig, von den anderen akzeptiert zu werden.	1	2	3	4	5
16	Ich habe eine harte Schale, aber einen weichen Kern.	1	2	3	4	5
17	Ich versuche oft herauszufinden, was andere von mir erwarten, um mich danach zu richten.	1	2	3	4	5
18	Leute, die unbekümmert in den Tag hineinleben, kann ich nur schwer verstehen.	1	2	3	4	5
19	Bei Diskussionen unterbreche ich die anderen oft.	1	2	3	4	5
20	Ich löse meine Probleme selber.	1	2	3	4	5
21	Aufgaben erledige ich möglichst rasch.	1	2	3	4	5
22	Im Umgang mit anderen bin ich auf Distanz bedacht.	1	2	3	4	5

23	Ich sollte viele Aufgaben noch besser erledigen.	1	2	3	4	5
24	Ich kümmere mich persönlich auch um nebensächliche Dinge.	1	2	3	4	5
25	Erfolge fallen nicht vom Himmel, ich muss sie hart erarbeiten.	1	2	3	4	5
26	Für dumme Fehler habe ich kein Verständnis.	1	2	3	4	5
27	Ich schätze es, wenn andere auf meine Fragen rasch und bündig antworten.	1	2	3	4	5
28	Es ist mir wichtig, von den anderen zu erfahren, ob ich meine Sache gut gemacht habe.	1	2	3	4	5
29	Wenn ich eine Aufgabe einmal begonnen habe, führe ich sie auch zu Ende.	1	2	3	4	5
30	Ich stelle meine Wünsche und Bedürfnisse zugunsten derjenigen anderer Personen zurück.	1	2	3	4	5
31	Ich bin anderen gegenüber oft hart, um von ihnen nicht verletzt zu werden.	1	2	3	4	5
32	Ich trommle oft ungeduldig mit den Fingern auf den Tisch.	1	2	3	4	5
33	Beim Erklären von Sachverhalten verwende ich gerne die klare Aufzählung: erstens, zweitens, drittens …	1	2	3	4	5
34	Ich glaube, dass die meisten Dinge nicht so einfach sind, wie viele meinen.	1	2	3	4	5
35	Es ist mir unangenehm, andere Leute zu kritisieren.	1	2	3	4	5

36	Bei Diskussionen nicke ich häufig mit dem Kopf.	1	2	3	4	5
37	Ich strenge mich an, meine Ziele zu erreichen.	1	2	3	4	5
38	Mein Gesichtsausdruck ist eher ernst.	1	2	3	4	5
39	Ich bin nervös.	1	2	3	4	5
40	So schnell kann mich nichts erschüttern.	1	2	3	4	5
41	Meine Probleme gehen die anderen nichts an.	1	2	3	4	5
42	Ich sage oft: »Macht mal vorwärts!«	1	2	3	4	5
43	Ich sage oft: »genau«, »exakt«, »klar«, »logisch«.	1	2	3	4	5
44	Ich sage oft: »Das verstehe ich nicht«.	1	2	3	4	5
45	Ich sage eher »Können Sie es nicht einmal versuchen?« als »Versuchen Sie es einmal«.	1	2	3	4	5
46	Ich bin diplomatisch.	1	2	3	4	5
47	Ich versuche, die an mich gestellten Erwartungen zu übertreffen.	1	2	3	4	5
48	Beim Telefonieren bearbeite ich oft nebenbei noch Akten.	1	2	3	4	5
49	»Auf die Zähne beißen«, heißt die Devise.	1	2	3	4	5
50	Trotz enormer Anstrengung will mir vieles einfach nicht gelingen.	1	2	3	4	5

Auswertung

Übertragen Sie Ihre Zahlenwerte für jede Aussage anhand ihrer Nummer in folgende Tabelle. Zählen Sie dann die Zahlenwerte horizontal für jeden Antreiber zusammen.

Antreiber:	Fragen:										Σ
Sei perfekt!	1		8		11		13		23		
	24		33		38		43		47		
Beeil dich!	3		12		14		19		21		
	27		32		39		42		48		
Streng dich an!	5		6		10		18		25		
	29		34		37		44		50		
Sei gefällig! Mach's allen recht!	2		7		15		17		28		
	30		35		36		45		46		
Sei stark!	4		9		16		20		22		
	26		31		40		41		49		

Der Antreiber mit dem höchsten Zahlenwert ist Ihr Hauptantreiber.

- Werte bis 30 Punkte: Antreiber ist förderlich.
- Werte ab 30 Punkte: Antreiber überwiegt ggf. im Verhalten und gefährdet eine gesunde Balance.
- Werte ab 40 Punkte: Antreiber dominiert das Verhalten.

TEST: RESILIENZ

Dieser kleine Test kann Ihnen eine Aussage darüber liefern, wie stark Ihre Resilienzfaktoren (nach Heller u. a.) ausgeprägt sind. Bitte wägen Sie Ihre Antworten sorgfältig ab und kreuzen Sie dann den Grad Ihrer Zustimmung an:

1: völlig unzutreffend
2: weitgehend unzutreffend
3: eher unzutreffend
4: weder / noch
5: eher zutreffend
6: weitgehend zutreffend
7: völlig zutreffend

		1	2	3	4	5	6	7
1	Ich schaue optimistisch in die Zukunft.							
2	Ich arbeite immer auf ein Ziel hin.							
3	Fehlschlägen gehe ich auf den Grund, auch wenn dabei herauskommen kann, dass ich mitverantwortlich bin.							
4	Ich löse Probleme lieber mit anderen als allein.							
5	Vorsicht ist besser als Nachsicht.							
6	Ich versuche immer, die Welt und ihre Menschen so unvoreingenommen wie möglich zu betrachten.							

7	Ich habe beinahe immer das Gefühl, mein Leben im Griff zu haben.							
8	Über meine Zukunft mache ich mir keine Sorgen.							
9	Mit Unabänderlichem kann ich mich ganz gut abfinden.							
10	Ich habe eigentlich immer ein Ziel vor Augen.							
11	Mein Selbstvertrauen ist nicht so leicht zu erschüttern.							
12	Ich stelle mich auch unangenehmen Einsichten.							
13	In meinem Freundeskreis gibt es viele, bei denen ich mir einen Tipp holen kann.							
14	Ich halte mich für einen sorgfältigen Planer.							
15	Ich neige nicht zur Schwarzmalerei.							
16	Ich gehöre nicht zu denen, die gegen Windmühlen kämpfen.							
17	Ich weiß immer ziemlich genau, was ich will.							
18	Probleme sehe ich meist als Herausforderung.							
19	Bei Fehlschlägen halte ich mich nicht lange mit der Schuldverteilung auf.							
20	»Gemeinsam geht es besser« ist ein Motto von mir.							

21	Ich überlasse möglichst wenig dem Zufall, wenn ich etwas in Angriff nehme.							
22	Ich rechne meist mit dem Besten.							
23	Dinge, die nicht zu ändern sind, beschäftigen mich nicht lange.							
24	Ich habe immer mindestens ein Vorhaben, das mich beschäftigt.							
25	Ich glaube, dass ich den Anforderungen in meinem Leben gut gewachsen bin.							
26	Statt »Wer hat Schuld?« frage ich »Wie bringen wir die Sache ins Reine?«.							
27	Man muss nicht alles können, wenn man Freunde hat.							
28	Ich finde es wichtig, meine finanzielle Zukunft zu planen.							
29	Meine Grundeinstellung ist optimistischer als die der meisten, die ich kenne.							
30	Was vorbei ist, ist für mich erledigt.							
31	Ich bin ein zielstrebiger Mensch.							
32	Es muss schon viel passieren, damit ich ratlos werde.							
33	Ich gehe an Probleme so unvoreingenommen wie möglich heran.							
34	Ich habe ein Netz von Kontakten, in dem man sich gegenseitig hilft.							
35	Es ist mir wichtig, alle Konsequenzen zu durchdenken, bevor ich etwas tue.							

Auswertung

Bitte tragen Sie Ihre Zahlenwerte bei den einzelnen Aussagen an den entsprechenden Stellen in den folgenden Tabellen ein und addieren Sie diese jeweils.

1. Säule	**Optimismus**
Frage 1	
Frage 8	
Frage 15	
Frage 22	
Frage 29	
Gesamtsumme	

2. Säule	**Akzeptanz**
Frage 6	
Frage 9	
Frage 16	
Frage 23	
Frage 30	
Gesamtsumme	

3. Säule	**Lösungs-orientierung**
Frage 2	
Frage 10	
Frage 17	
Frage 24	
Frage 31	
Gesamtsumme	

4. Säule	**Selbst-wirksamkeit**
Frage 7	
Frage 11	
Frage 18	
Frage 25	
Frage 32	
Gesamtsumme	

5. Säule	Verantwortung übernehmen
Frage 3	
Frage 12	
Frage 19	
Frage 26	
Frage 33	
Gesamtsumme	

6. Säule	Netzwerkorientierung
Frage 4	
Frage 13	
Frage 20	
Frage 27	
Frage 34	
Gesamtsumme	

7. Säule	Zukunftsplanung
Frage 5	
Frage 14	
Frage 21	
Frage 28	
Frage 35	
Gesamtsumme	

SCHEITER-MAP

LITERATUR

Andries, Darcy: The Secret of success is not a secret. Stories of famous people who persevered, Portland (Sellers) 2008.

Arden, Paul: Es kommt nicht darauf an, wer du bist, sondern wer du sein willst. Das erfolgreichste Buch der Welt, Berlin (Phaidon) 7. Auflage 2010.

Baum, Jens: Wie's weitergeht, wenn nichts mehr geht. Strategien in schwierigen Zeiten, München (Kösel) 2010.

Berndt, Cristina: Resilienz. Das Geheimnis der psychischen Widerstandskraft, München (dtv) 9. Auflage 2014.

Bude, Heinz: Das Leben soll auf allen Ebenen erfüllt sein. In: SPIEGEL Wissen: Richtig scheitern. Wie Niederlagen zum Erfolg führen können, 1/2015.

Burmeister, Lars / Steinhilper, Leila: Gescheiter scheitern. Eine Anleitung für Führungskräfte, Heidelberg (Carl Auer) 2011.

Dick, Andreas: Mut. Über sich hinauswachsen, Bern (Huber) 2010.

Egger, Richard: Mut. Kardinaltugend der Menschenführung, Zürich (Orell Füssli) 2007.

Heller, Jutta: Resilienz. 7 Schlüssel für mehr innere Stärke, München (Gräfe und Unzer) 2013.

Izdebski, Damian: Meine besten Fehler. #startupagain, Bad Traunstein (Stein) 2015.

Kara, Stefanie / Wüstenhagen, Claudia: Die Kunst des Scheiterns, in: ZEIT Wissen 4/2013.

Kirchner, Steffen: Tot motiviert? Das Ende der Motivationslügen und was Menschen wirklich antreibt, Offenbach (GABAL) 2015.

Kolbusa, Matthias: Gegen den Schwarm. Aus eigener Kraft erfolgreich werden, München (Ariston) 2014.

Lauterbach, Ute: Lässig scheitern. Das Erfolgsprogramm für Lebenskünstler, München (Kösel) 3. Auflage 2008.

Maehrlein, Katharina: »Erfolgreich führen mit Resilienz. Wie Sie sich und Ihre Mannschaft gelassen durch Druck und Krisen steuern, Offenbach (GABAL) 2015.

Messner, Reinhold: Der Mensch lernt nur durch Versuch und Irrtum, in: Manager Seminare 122/2008, S. 30.

Pfersdorf, Silke: Wie Scheitern gelingen kann, In: Psychologie heute 06/2015, S. 42 ff.

Pieper, Georg: Überleben oder Scheitern. Die Kunst, in Krisen zu bestehen und daran zu wachsen, München (Knaus) 2012.

Reutter, Stefan: Gut, dass es dir schlecht geht. Warum die schlimmsten Tage im Leben manchmal die besten sind, Bielefeld (Kamphausen) 2015.

Rohrhirsch, Ferdinand: Führung und Scheitern. Über Werte und den Wert des Scheiterns im Führungsalltag – Wie Führung glückt, Wiesbaden (Gabler) 2009.

Scheucher, Gerhard / Steindorfer, Christine: Die Aufwärtsspirale. Wie man mit Erfolg Niederlagen meistert, Graz (Leykam), 2011.

Schießl, Michaela: Verzeih dir. In: SPIEGEL Job 1/2013.

Schmiel, Rolf: Senkrechtstarter. Wie aus Frust und Niederlagen die größten Erfolge entstehen, Frankfurt / Main (Campus) 2014.

Schoenaker, Theo: Mut tut gut. Für eine bessere Lebensqualität, Bocholt (RDI) 2012.

Schmitter, Elke: Ausweitung der Kamfzone. In: SPIEGEL Wissen: Richtig scheitern. Wie Niederlagen zum Erfolg führen können, 1/2015.

Tarr, Irmtraud: Das Donald Duck Prinzip. Scheitern als Chance für ein neues Leben, Gütersloh, (Gütersloher Verlagshaus) 2006.

Wecker, Konstantin: Die Kunst des Scheiterns. Tausend unmögliche Wege, das Glück zu finden, München (Piper) 2007.

Zahlmann, Stefan / Scholz, Sylka: Scheitern und Biographie. Die andere Seite moderner Lebensgeschichten, Gießen (Psychosozialverlag) 2005.

DANK

Viele liebe Freunde und Kollegen haben Teile des Manuskripts zu diesem Buch gelesen und kommentiert. Sie waren quasi hautnah beteiligt, ihnen möchte ich zutiefst Danke sagen: meinem Sohn Calvin Maria Arnet, Michaela Born, meiner ganzen Familie: Peter und Gisela Arnet, Günter Müller und Birgitte Lieselotte Arnet-Müller, Martin Arnet und meinen Freunden.

Besonders möchte ich mich bedanken bei: Natja Denk, René Borbonus, Heiko Jordan, Simon Stobbe, Jörn D. Schulz, Peter Finckler, Heinz Michael Hartmann, Dr. Walter Schwertl, Bernd Ringsdorf, Rüdiger Marzinzik, Dr. Günter u. Ingrid Sextro, Martin Manz, Gerd Gros und ganz vielen Kollegen, Geschäftspartnern und Wegbegleitern. Postum geht mein Dank an: Michael Werneke und Alfred Rettel.

Nicht zuletzt danke ich: Thomas Blank, Holger Bub, Hugo Schneider, Dr. Sandra Krebs, Eva Gößwein und meiner Co-Autorin von »So kommen Frauen in Führung«, Dr. Katja Kruckeberg.

Mein besonderer und unendlicher Dank gilt meiner Co-Pilotin und Lebensfrau: Christiane Schuch. Du hast in bitteren Momenten immer zu mir gestanden, hast mich gehalten, hast mit mir geweint und mich jederzeit wieder aufgerichtet – auch wenn es manchmal ausweglos erschien. Du warst der lästige Ratgeber, die Geldgeberin in ganz dünnen Zeiten und hast mich geführt, wenn ich nicht weiterwusste. Letztendlich hast du den Glauben an mich niemals aufgegeben und mir ein angstfreies Leben ermöglicht.

Ich liebe dich.

STICHWORTVERZEICHNIS

ÜBER DEN AUTOR

Felix Maria Arnet, geboren 1968 in Wiesbaden, gründete mit 25 Jahren sein zweites Unternehmen, eine Werbeagentur, mit der er rasch Erfolg hatte. Seither hat er alle Höhen und Tiefen unternehmerischen Schaffens durchlebt: Nachdem die Agentur 2011 nach 18 Jahren in die Insolvenz ging, stand er beruflich wie privat vor dem Aus. Doch nach einer kurzen Phase der Lethargie gelang Arnet das Comeback, und er begründete nach mehreren fundierten Ausbildungen als systemischer Executive Coach mit der LATTAL Enterprise Gesellschaft für Unternehmensberatung seine neue Profession. 2015 wurde er dafür mit dem Change Award für die mutigste Veränderung ausgezeichnet.

Heute ist er ein sehr gefragter Coach, Trainer und Vortragsredner. Seit mehr als 25 Jahren berät er börsennotierte Unternehmen, Mittelstand und Führungspersönlichkeiten in allen Fragen der Organisationsentwicklung. Mit inzwischen über 10 000 Beratungsstunden, und der Begleitung von mehr als 500 Führungskräften in nahezu allen Wirtschaftszweigen, lebt er seine Berufung.

2014 bezeichnete das Handelsblatt Arnet als den »Wirkungsspezialisten«. Felix Arnet lebt und arbeitet in Wiesbaden und hat einen erwachsenen Sohn.

www.felix-maria-arnet.de